货币的真相

荣添◎编著

THE TRUTH OF MONEY

时事出版社

前言

货币的历史始于人类文明之初，世界上每一个国家、每一个人都与货币有着密不可分的联系，甚至在遥远的非洲原始部落，也可以找寻到货币的踪迹。

货币到底是什么？是银？是金？是钻石？是国家意志？还是其他？货币既是社会经济发展的关键，给我们的生活提供便利和财富，同时也带来很多的困扰和欲望。货币从哪里来，它将如何衍变，对未来世界会产生怎样的影响，对于这些问题，可以说从货币诞生之日起，人类的思考就从未停止过。

在货币历史上，最早出现在商品交换过程中的是贝壳，人们使用贝壳来换取必需品；然后出现了金银，这些贵重金属很快被人们接纳，确定为货币；随着人们生活水平的提高，商品种类多种多样，金银作为货币已经显得十分笨重，这就催生了代用货币、信用货币等，以适应社会发展的需求。

前言

从有形到无形，货币可以定价的物品越来越多。货币化让这个世界变得更加丰富多彩，而货币本身也在悄然发生巨变。从14世纪开始，货币率先在欧洲变为资本，不再仅仅是别的商品的定价单位，其自身就是一种稀缺资源，可以衍生出各种金融产品。如今，货币在全球范围内几乎无所不在，早已不限于实物交易，它能对人的精神意识产生影响，这种影响甚至能够波及到人的行为和情绪。

全世界普遍采用纸币后，纸币发行多少合适、汇率如何兑换，以及各种货币间看不见的金融战争等，各种问题接踵而至。货币不仅与我们每个人的钱袋子有关系，更是影响着本国乃至世界经济形势。

货币既代表曾经的财富，又代表未来可能的财富。本书以浅显易懂的方式，全面、生动、具体地介绍了货币背后的知识，包括它的诞生与衍变历史，对人们日常生活与投资理财的影响，以及与国家经济、全球经济的关系等等，是一本通俗实用的金融常识读本。

目录

CONTENTS

第十章 货币国际化——强国的金融战略

第十一章 货币之战——世界金融体系的衍生物

第一章
货币的衍变史
——金、银和纸币

人类历史上最早的商品交换是以物换物，在交换的实践中，人们发现物物交换会很不方便，于是便寻找一种大家都接受的商品来充当交换的“中间人”，货币就此产生。作为交易的媒介，货币的“容颜”几经更替，经历了从实物货币到金属货币，再从金属货币到纸币的漫长衍变历程。

“钱”是如何产生的

很多人认为，钱是无所不能的。钱的能力到底有多强大，其实生活中的大事小事都能够体现出来。钱可以让你吃饱饭，钱可以让你穿锦衣，钱可以让你不用辛苦劳动、不用浪费美好时光来换取价值，钱可以让你颐指气使地领导人，钱可以让你去环球旅游……

钱真的是无所不能的吗？钱真的有那么重要吗？

“有什么别有病，没什么别没钱”，这是普通老百姓口中的警示名言，充分体现出钱的重要性及其不可替代的地位。而钱只是一个泛泛的概念，在现今社会“钱”就是财富的象征，也就是现今最热门的行业“金融”的代名词。

钱是金融的核心要素，因此我们不得不先了解其真正的来源。“钱”仅仅就是我们日常生活中所用的纸币和硬币吗？其实不仅仅如此，那么“钱”到底是怎么来的呢？

要说“钱”的来源，可要追溯到原始时期。在历史学的范畴内，原始时期属于石器时代，那个时候的人是使用石头作为工具来劳作、打猎以及获得食物的。石器时代分为两个阶段——旧石器时代和新石器时代，二者的区分在于使用的石器工具不同。旧石器时代从大约300万年前开始一直到大约两万年前，这个时代使用的石头工具仅仅是通过敲打弄出来的。相对于旧石器时代来说，新石器时代（大约是在两万年前到距今6000年前这段时间）的石头工具则是通过磨制弄出来的。

科技创新是生产力迅速发展的第一要素，而这在石器时代就已经得到了证明，磨制出来的石头和敲打出来的石头存在着很大的差异：由于技术的创新推动生产速度加快，加之工艺逐渐精湛起来，生产变得更加快捷容易。生产力的发展使得人们不仅仅能维持温饱，而且有了剩余食物，也就是生产出来的减去自足以后的产品。这些剩余产品使人们产生了新的不仅限于自给自足的需求，因为有了产品的剩余，原始时期的人们开始追逐新的生活方式和沟通交流方式，从而产生了物品交换这样一个需求。

例如，原始人A家种了一地的地瓜，可是因为产量太好，留下自己家一年的食用量后依旧还有很多吃不完，但是又不舍得扔掉；原始人B家养了一头奶牛，这头奶牛今年居然生了两头牛犊，可是他家的粮食却只能养活一头；而原始人C很会做石斧，做的石斧既美观又实用，由于工艺熟练，做完一把之后竟然发现预计的时间还有很多，于是他又做了一把，可是实际上他只需要一把石斧。就这样，原始人A、B、C的家里都有着这样那样多余的东西，A家的地瓜不吃就要腐烂了，B家的牛犊就要饿死了，C家的石斧要被当作没用的石头扔掉了。这种情况让人看着觉得十分可惜，可是到底该怎么办呢？假如能做到既不浪费又能获取别的需要的东西岂不两全其美？原始人A、B、C都愁眉苦脸，这一天他们集中到一起来倾诉各自的苦恼。大家都觉得自己家的东西很好，丢掉了太浪费，可是又不知道到底该如何处理。就在这个时候，连老天都来帮忙了，为他们提供了一个好主意——“交换”，对此大家都开心得不得了。

于是，大家都各自赶回家，A给B一筐地瓜，B给C一头牛犊，C给A一个石斧，皆大欢喜。就这样，大家在那个时代开始了交换的生活，天天像赶集一样开心地寻找自己想要交换的东西。

在交换过程的初期，大家都为自己想出这样的方法而开心和自豪，可是在交换的过程中渐渐地又发现了很多问题，这让他们着实头疼了很久。

B很不高兴地说："我家的奶牛个头大，产奶多，而且品种优良，预计明年又可以生两头小牛呢，可是换来换去却只得到A家的一筐地瓜，我太亏了。"而A也气呼呼地抱怨着："我家的地瓜又大又甜，不仅可以食用，还可以作为种子来种植，第二年肯定能收获很多地瓜，可是换来换去，我却只得到了C家的一把破斧子，除了砍柴什么用也没有，而且全是石头的很重，用起来都不顺手。算来算去，我都没得到什么实惠。"

就这样，在大家的满腹牢骚中，交换这件新颖的事情变得停滞不前了。于是，大家又开始围坐在一起想办法，这次大家都积极发表意见，提出自己发现的问题和解决办法。最终人们发现，自己在交换的过程中并没有真正地去了解到底需要什么，只是希望尽快地把自己多余的东西交换出去，而且在此过程中，并没有一个可以公平衡量每件交换物品价值的东西，正因为没有一个很好的标准和目标物，交换变得越来越难以进行。原始人们都禀着公平和民主的准则来思考和决定到底该如何解决问题，于是越来越多的人聚集到了一起，俗话说"人多力量大"，他们终于想到了一个很好的交换媒介，这还是一个原始人细心观察的结果。原始部落的生活与现代社会还是有很多共同点的，爱美这一点就是共同的，部落里面的美女都会戴着美丽的贝壳作为挂饰来装饰自己，希望自己更美丽优雅。

原始人通常生活在江河的边上以便更方便地食用水和鱼类，在这个过程中就发现了既坚固又美丽的贝壳，但是由于贝壳的数量很少，所以对于那个时代的人们来说贝壳便是十分珍贵的物品了。贝壳外形美丽又寓意吉祥，是所有原始人都渴望得到的物品，这样这个媒介物既有了需求带来的价值又很方便计算价值，原始人的定价就按贝壳的个数来确定了。大家都为这样的好点子而雀跃，用贝壳来作为交换的媒介不但没有人排斥，而且大家皆渴望获得，于是寓意吉祥和幸福的贝壳变成了第一个物物交换的媒介物。

接下来，大家便开始商量如何定价，一筐地瓜=5个贝壳，一头牛犊=15个贝壳，一把石斧=20个贝壳，就这样，标准的价格得以确定下来。当然还有附款，假如谁认为自己家的东西比标准的东西更好的话，可以自己提高价钱，只要交换的人接受便可以了。就这样，原始人的民主大会终于落下帷幕，同时也产生了很重要的成果，自此贝壳便开始扮演自己在交换过程中的重要角色。

就这样，原始社会的“钱”就产生了，也就是金融业的始祖。

政治经济学中对于货币的定义是这样的：“货币是从商品中分离出来的，并且能够固定充当一般等价物的一种特殊商品。”然而在中国，很多方面都充分地体现了货币的概念，例如赊账的“账”、恭喜发财的“财”。现今有很多文字是从远古时候流传下来的，都是带有贝字作为偏旁部首的，可见在当时的社会中贝壳是多么重要的物品，对现今社会有着怎样深远的影响。

贝壳作为货币的代表有着不可替代的作用，自从人们开始启用贝壳作为交换媒介后，其在接下来的年代里都有着很广泛和深远的影响，都作为特别珍贵的物品或货币的代名词来使用。在商朝，贝壳被国王作为最高封赏来奖励一些有卓越贡献的忠臣义士，让众多臣子都有了明确而又坚定的努力目标。在西周，贝壳也同样作为货币被广泛使用，尤其是在经济落后且交通不十分通畅的少数民族地区，贝壳一直沿用到唐宋时期。

现代社会的金钱都有其明确的进制单位，比如元、角、分，而贝壳的单位却多了一份韵味。贝壳的计量单位是“朋”，但是由于资料不足以及研究所限，我们只能了解到此，对于一朋贝壳的价值有多少，数量又是多大，我们就不得而知了，只知道贝壳真的相当贵重。据考古学家们的研究表明，我国的贝壳绝大部分源自美丽富饶的海南岛。要知道在中国广阔的领土上，从海南岛到原始时期人类起源的长江流域和黄河流域的距离是非常远的，此外交通的落后以及交通工具的短缺也使得千里迢迢而来的贝壳变得更加弥足珍贵了。

那么，是否只有中国才会把贝壳当作钱用呢？其实并不尽然。据史料记载，贝壳被当作钱来使用在全世界很多国家都有过先例，并不是中国特有的现象，而应该算是国际化的一种货币的表现。非洲地区绝大部分黑人都使用贝壳作为货币，而且即使到了现代社会仍旧使用着；美洲地区最原始的印第安人也曾经使用过贝壳货币；亚洲地区除了中国以外，还有一些南亚国家（如斯里兰卡、孟加拉国、印度等）都使用过贝壳作为货币来进行交易；在印度洋及太平洋一些偏远岛国，诸如瓦努阿图、巴布亚新几内亚等，至今依然把贝壳当成非常重要的货币；而在大洋洲一些相对偏远的岛国，很多人到现在依然把贝壳作为非常重要的货币来使用。

上述关于贝壳作为货币的阐述只是原始社会把货币作为交换媒介的一个相对比较典型的例子，能够让人们更好地了解原始社会关于“钱”的使用方式和方法。但是可以作为货币的并非只有贝壳这一种，原始人类还曾把盐巴、瓷碗、粮食、鱼叉、网钩、茶叶、陶罐、布帛甚至石矛、砍刀等作为货币媒介来交换自己生产生活中所需要的另外一些物品，从而使得剩余产品都能够最大限度地得到利用。

除了上述一些经常被使用的“钱”以外，在全世界范围内还有很多种让大家意想不到的货币种类，其多样性及样式的稀奇定会让你大开眼界。

在我国元朝的时候，由于朝廷在货币印刷方面有一些要求，流通中的货币不能满足民间普通交易的使用需求，导致小面额的货币不足，所以民间改用酒牌、面帖、茶帖、竹牌等充当小面值货币。在美国的一个小镇上，人们为了应对金融危机带来的通货紧缩，使用小木片作为媒介来进行产品交易。在德国，一战导致经济遭受毁灭性破坏，绝大多数乡镇都使用代用货币作为支付货币，其材质有很多种类，如铝箔、亚麻布、木材甚至扑克牌都是可以选择的代用货币，这样的货币流通手段一直到德国央行恢复元气才停止使用。

在太平洋附近的美拉尼西亚群岛上，土著居民经常使用狗牙作为货币；而在岛国瓦努阿图，岛民一直使用猪牙作为货币。在非洲的一些原始部落里，部落居民广泛使用手镯作为货币，所以手镯不仅仅是装饰品，还被人们当作很重要的交换媒介。在俄罗斯，松鼠毛皮曾经是一种最常见的货币，其五官以及牙齿等甚至被当作小钞使用。在马来西亚，很多居民都使用玻璃珠子作为高价货币。印度的某些民族，甚至使用母牛的头盖骨作为货币进行交换。

虽然上述货币种类已经让人们眼花缭乱，可是最让人大开眼界的还要数密克罗尼西亚联邦的货币了，这里的居民使用石头做货币近2000年，这种中央有一个孔的石头货币被称为“雷”，是由直径从1码到12码不等的石轮组成的，岛民就用石头货币来购买土地和置办婚礼。虽然这种货币的材质是石头，可是它并非真的没有价值，由于这种石头坚硬块大，而当地并没有这样的岩石，所以岛民都是冒着生命危险到另外一个岛屿切割比较大块的岩石运回岛上，然后再切割成需要的尺寸进行使用的，因此这些巨石货币的真正价值并不在于体积之大，而在于为获取它们所付出的代价——岛民的生命。正因为如此，其才被很多货币收藏家所看重。

综上可见，货币的种类很多，可是在商品经济时代货币的定义到底是什么呢？在政治经济学范畴内，马克思对于货币的定义是拥有价值的实物商品并且具有以下5种基本功能：价值尺度、流通手段、支付手段、储藏手段和世界货币。

首先，“价值尺度”是指将一个产品的价值量化、数字化、具体化。更直白点的解释就是西瓜1.3元每斤，而葡萄却是5.99元每斤，这每斤的货币量就是西瓜和葡萄的价值，虽然同为水果，可是葡萄却比西瓜每斤多出了4.69元。要知道水果都是用来吃的，可是口味、种类等各不相同，由此导致两者的价值相差了这么多，这就是货币对于产品的一个衡量尺度。

其次，关于“流通手段”，简单点说就是指使用货币交易的过程。从物物交换到钱物交换，就是所谓的一手交钱一手交货，即通过购买使得货币在交易的过程中进行流动。

再次，“支付手段”相对来说要难理解一点。举个例子，现在大家都流行使用信用卡，因为刷卡消费很方便，而且还有一定的透支额度，所以人们都喜欢使用。小王也是其中之一，他非常喜欢网上购物，经常用信用卡消费，但是消费之后需要在规定的期限内把提前消费的钱都归还，而他每次网购之后向银行缴付还款货币就是在执行“支付手段”的功能。

然后，关于“储藏手段”这个功能，就是指货币被人们当作了一种储藏财富的手段，正因为如此，现在很多人都喜欢把多余的不经常使用的钱存在银行里，有急事需要用钱就不必着急上火去求人，没有急事的时候还可以增值。这就好像农民收获粮食，牧民们的牛羊又生出新的牛羊，大家都会觉得自己有了一笔财富，而货币也同样如此，会让人感觉自己有一笔可观的财富。

最后，关于“世界货币”，也就是说，货币被世界的人们使用。由于国际上关于各国的货币有一个汇率作为交换的比率，这样人们就可以在国际市场上购买国外的商品，国家间也可以用货币来进行国际收支。这就是货币作为一种公共产品可以在国与国之间进行流通而产生的一种特殊功能。

在货币的上述5种功能中，很多人对于货币的“流通手段”和“支付手段”这两种功能区分得不太清楚。在这里为大家做一个简单的区分，以便大家能够更清晰地了解二者的不同。“流通手段”的意思是指“一手交钱，一手交货”，通俗地说就是收货和付款这两个行为是同时进行的；而“支付手段”的意思是指“欠债还钱，延期支付”，简单点说就是，购买者可能先得到产品或者服务，然后才进行支付这个行为，也就是说收货和付款这两个行为不是同时发生的。

对于马克思关于货币的定义一直有很多争议和疑问，按照书面的解释，货币必须是有一定价值的商品，然而现代社会人们一直都在使用纸币当作金钱，纸币虽然也是钱，可它仅仅是一张纸，又有什么价值呢？

按照马克思的逻辑和对于“钱”的定义，纸币并不算是真正意义上的“钱”，因为它仅仅具备了货币“价值尺度、流通手段、支付手段”这3种功能而已，却不具备“储藏手段”和“世界货币”这两大功能。虽然如此，可是在现今社会纸币依旧被人们当作财富储藏的选择，曾经有新闻报道某地的村民为了存储纸币，将其放在炕洞里而被烧毁的事情。虽然纸币并不满足对于货币的定义范畴，可是人们依旧大量地使用，这到底是为什么呢？让我们在接下来的内容中一一道来。

货币天然是金银

当人类发明并掌握金属冶炼技术后，中国便随之走进了青铜时代，人们从这个时期开始一直到清末民国时期一直使用铜钱作为货币来购买产品。基于金属冶炼技术的纯熟，各个文明古国的货币都开始向金属货币过渡，具体原因主要是金属的体积小、价值大、容易分割、耐磨耐腐、色泽光亮、能长久保存并且可塑性强等。

在古中国，远在商朝晚期青铜冶炼技术就已被广泛掌握，人们在冶炼过程中慢慢地发现青铜不但价值高，而且不会碎掉，也不容易磨损烂掉，这些正好符合了货币的要求，于是人们就开始用贝壳作为模子来制作青铜贝壳当“钱”使用。渐渐地，随着青铜的产地被更多地发现，其产量也逐渐提高，而且人们发现青铜贝壳比真的贝壳还便于使用，于是青铜贝壳的使用范围越来越广，同时在青铜贝壳流通的过程中，开始出现小片的青铜来作为零钱使用。根据大小不同来具体定价，就这样，容易携带又容易计算的青铜货币出现了。

在古埃及，据史料记载，在奴隶买卖的时候使用的货币是金块和银锭。一幅古埃及的壁画上曾经清楚地描绘了人们把一头牛和一些金块放在天平的两端，天平的平衡代表两个物品的价值是同样的。在公元前14世纪，也就是同一时期的另外一幅壁画则呈示了有人向埃及法老进献黄金的场面。

从向法老进献黄金的场景反映的时代，一直到民国时期铜钱都在使用。在西方的货币历史中，金、银等贵金属很早就是货币系统中的领军之物。据西方历史记载，大约在公元前7世纪出现了金属货币，贵金属出现之后，标准的金属铸币也随之铸造产生。最早关于金属铸币的记录出现在一个王国中，这个国家的铸币材料是天然的合金，是由一定比例的黄金和白银天然合成的，铸造的图案是雄狮和公牛的结合体， 因铸币呈现白色，也被称为“白金币”。后来这个王国被其他更强的国家打败，新的国家也开始铸造自己的货币，铸币分为金币和银币两种。说到西方的历史，必定要提到希腊诸国，作为文明古国之一的希腊诸国在出现贵金属铸币后，也开始铸造自己国家的货币。

根据古希腊的历史记载，在公元前594年，就有希腊人走访过最初铸造货币的国家，考察了解到金属铸币对于货币流通的重要性。由于这个国家的铸币是按重量计价的，对于商业和贸易的发展还存在很多弊端。这个希腊人后来成为了希腊雅典城邦的第一任执政官，在他的领导下，雅典也开始铸造贵金属货币，更为先进的金属铸币因此产生了，德拉克马银币，在希腊城邦之中广泛使用。其中使用最为广泛的是雅典的4德拉克马银币，也叫“猫头鹰币”，其正面图案和背面图案分别为希腊神话中的战争与智慧女神雅典娜和守护神猫头鹰。这种猫头鹰币在周边国家被广泛使用长达6个世纪，这种货币的稳定使用推动了雅典诚信、民主的国家文化的形成，在猫头鹰币使用期间，雅典还建立起了相对完善的民主制度，是那个时代最具跨越性的社会进步。

继雅典之后，罗马国崛起，罗马人逐步建立了一整套金银铜的复合货币体系，其中最常用的铜币和银币叫阿斯和迪纳利乌斯。在罗马帝国垮塌以后，从地理大发现到工业革命，从中世纪到文艺复兴，金和银作为主币在西方历史上使用了上千年，铜一直作为辅币。对西方国家来说，钱就是指金银，金银就是钱。在日常交易中，黄金主要用于大额支付，白银主要用于一般的贸易支付，而铜币一般情况下都是作为辅币使用，直到英国政府确定采用金本位时，这种情况才被改变。

西方的货币主要是金银，而中国由于人口基数大，银的产量相对较少，从周朝到明朝前期一直都是以铜钱作为主要货币。到了明朝中期，由于美洲白银的大量开采以及全球贸易的迅速发展，对中国商品购买需求的不断增加，大量白银开始像潮水一样涌入中国，使得中国的白银存量逐渐增加，明朝中后期的货币体系才开始变为以白银为主、铜钱为辅的构架。

金本位的货币体系

货币的历史十分悠久，各个历史时期对于货币的发展都有着不同程度的影响。关于纸币最早的记载出现在中国的北宋时期，那时四川出现的纸币被称作“交子”。关于交子的由来，下面我们将详细讲解。

在赵宋王朝后期，四川一直受到地域歧视。在货币方面，朝廷不允许四川使用铜钱，只允许使用价值相对低贱的铁钱。铁钱最典型的特点就是大、笨、粗，其中一种最常用的铁钱叫作“景德元宝”。这种铁钱每贯重达25斤多，根据当时对于产品的定价，买一头牛得用相当于2000斤重量的铁钱。假设那个时候谁要是特别有钱，可真算是腰缠万贯了。这样笨重的钱严重影响着人们正常的交易、购买和支付行为。比如张三想买一匹布给媳妇做新衣裳，不得不先从家背一大麻袋的铁钱走十几里的山路去换一匹布，满身的臭汗还怕把布弄脏了呢，想想还不如当初的物物交换呢。

在这样的情况下，创造的潜力得以激发，“交子”出现了。在公元1005年，有16家富商在四川成都联合起来发行“交子券”，这种用纸印刷的交易凭证就是交子，它是以铁钱作为保证的一种“交易凭证”。“交子”的使用让人们的交换和交易更加方便。交子的使用范围越来越广，使用的人数也越来越多。但是某些发行交子券的富商动起了歪脑筋，利用手中的权力发行更多的交子券，从中牟取暴利。就像现在的股市一样，有些公司其实本身的资产并没有很多，却高估自己的市值，发行更多的股票套取更大的利益。这样的暗箱操作使得市场上流通的交子券越来越多，而这些富商通过这样的方式获得暴利，为自己广置田园、宝货、屋宇、邸店等。交子的发行出现了严重的问题，货币市场一片黑暗。

这样的货币体系以及交易市场，让当地政府十分头疼，从为民着想的角度，四川当地的知府立即正义凛然地发布公告："为了切实维护大家的利益，同时保护货币市场的通畅性，保护单纯的民众不受欺骗，政府决定下令关闭交子铺。"

就在老百姓感动得无以言表的时候，高调执政为民的知府却自己开始造纸币了。原来在整治和取缔民间交子券的时候，精明的知府了解到发行交子既能方便交易、促进贸易来提升自己的业绩，同时还可以赚钱。于是，北宋朝廷在知府的奏请下，于1023年在成都设立了交子铺，次年开始发行官方的交子券。最初规定，每1万贯铁钱作为保证金可以发行3.48万贯交子，第一届发行数量为125.6万贯，用36万贯铁钱作为保证金。

从此，代表着政府信用的纸币正式出现在人类历史上，同时这种交子的出现也意味着作为财富代表的实物货币开始向虚拟货币过渡。在北宋出现纸币后，金、宋、元、明等朝代都开始使用纸币作为货币的主体。每个朝代的纸币刚开始发行的时候都是与金属铸币价值相等的，然而在流通几年后，纸币就会陷入恶性通货膨胀，社会动乱和王朝更替的很大一部分原因也是货币体系的一次次崩溃。正如元朝末年一首民谣中所唱的一样："堂堂大元，奸佞专权，开河变钞祸根源，惹红巾万千，官法滥，刑法重，黎民怨；人吃人，钞买钞，何曾见？贼做官，官做贼，混愚贤，哀哉可怜!”这首民谣唱的就是元朝政局腐朽没落的根源——纸币的滥发。

明朝中期，人们逐渐意识到纸币体系的崩溃与王朝覆灭一直处于一个恶性循环中，以纸币建立起来的货币制度难以形成一个稳定持续的市场。朝廷决定废弃纸币，重新启用以银为主、以铜为辅的金属货币体系。一直到民国时期，中国都以白银和铜钱作为主要货币。

相比之下，西方人在纸币发明上落后于中国。在中国四川交子券出现后，意大利也出现了类似的商业银行发行的信用票据，这种票据具备纸币的部分功能。到文艺复兴时期，国债和股票等现代金融产品相继产生，信用票据的使用就不仅仅局限于商业银行，在很多家族银行中也被普遍使用，但没有形成一个相对系统又完善的纸币体系。

关于西方纸币的历史，起源于17世纪英国资产阶级革命时期。由于国王查理一世在全国范围内强行没收商人手中的黄金，商人们只好把黄金私自存放在金匠们的地窖里。为了保证存放的安全性，金匠们会给商人们开具收据作为凭证，同时为了防止再次被发现，收据上都没有署名。于是，每次交易时商人都要去金匠那里取金币。时间长了，存取金币太过麻烦，商人们开始直接用收据进行交易，在交易中逐渐形成了纸币。1694年英格兰银行的成立标志着西方纸币正式诞生。作为全世界第一家中央银行，英格兰银行正式发行纸币并使其在西方国家流通。

在西方，纸币仅仅被当作黄金或白银的一个凭证，这种“可兑现纸币”的纸币体系一直到第一次世界大战爆发后才发生变化。其中“可兑现”的具体解释是这样的：金本位制是指纸币能够兑换到一定数量的黄金；银本位制是指纸币能够兑换到一定数量的白银；金银复本位制是指政府规定白银与黄金之间的兑换比率。也就是说，一张纸币代表着一定数量的黄金或者白银。

西方各国实施的都是金银同时流通的货币制度直到17世纪才发生变化。各个国家和地区都铸造了属于本国的银币和金币，金币和银币的币值比例是变动的，随着市场价格而变动，导致产品都有两个不同的价格，一种是金币价格，一种是银币价格，这样严重阻碍了资源的流通和商业贸易。这时，一个狂热追求数字精确的人出现了，他就是发现万有引力定律的大科学家——艾萨克·牛顿。

牛顿的生命历程，简单来说就是“三十年玩科学，三十年玩货币”。牛顿先生后半生主要的工作是大英帝国皇家铸币厂厂长，且任职长达30年。在他的努力下，英国议会于1717年制定了复本位制的立法，规定1个金币和21个银币等值，其中同等数量金银的铸造比价为15.21：1。在这样的体系支持下，英格兰银行发行的每一张纸币都代表着一定数额的金币或银币。

牛顿是个狂热追求工作的精确性和准确性的人，这不仅表现在对待铸币工作上，他对那些扰乱市场的铸造假币行为也坚决打击，甚至还去刑场上亲自监督对造假币罪犯的处决。在确立复本位制的同时，牛顿将每盎司黄金的价格确定为3英镑17先令10便士。

英国也是第一个从法律角度确定金本位制的国家，1816年英国议会通过法案确定了纸币盯住黄金的货币政策，这意味着每张纸币都与一定数量的黄金挂钩，白银仅仅作为普通商品，价格随着市场价格上下浮动。就这样，英国用近百年的时间最终确定了与本国的英镑纸币相关的金本位制。

稳定的货币制度为英国在工业等方面称霸全球打下了坚实的基础。在金本位的支持下，大英帝国的地位不断上升，形成了殖民地遍布全球的“日不落帝国”。工业革命后期，英镑已经成为世界各国货币改革的最高目标。

如何才能做得像英镑一样好？这是世界上每个国家都在努力思考的问题。其实问题的关键就在货币体制上，只要纸币体系采用金本位就可以了。从19世纪下半叶开始，各国就在确定纸币的基础本位制度上研究了很久，最后决定在货币体系的各个方面都与英国走同样的道路，无论是银本位制还是复本位制，最后都变成了金本位制的货币体系。这些国家涵盖的范围很广，包括瑞典、加拿大、阿根廷、葡萄牙、海地、德国、日本、俄国、瑞士、丹麦、芬兰、埃及以及美国等。到20世纪初，除了中国和印度之外，其他国家的纸币体系都统一到黄金这种有色金属上面了。

金本位制将黄金推上货币之王的宝座

由于世界上各国的纸币兑换对象都统一到了黄金这种金属上，每个国家的纸币都能够和一定量的黄金进行兑换，各国之间的纸币要进行兑换的话，只需要有黄金作为中间的媒介。有黄金的价值作为保证，不但消除了汇率波动的不稳定性，同样有利于世界贸易的顺利进行和商业活动的国际化。

对金本位体制稳定的要求，要求人们必须诚实勤恳地劳动，通过自己的努力生产出真正的财富，这样才能换回来真金白银。

英国著名的《经济学家》杂志曾经发表过关于工业革命时代英国物价的一份统计报告。报告数据显示，从英国资产阶级革命到第一次世界大战前的250多年时间里，英镑的购买力在物价始终平稳而略微下降的趋势下一直保持着惊人的稳定性。

假定资产阶级革命时期英国的物价指数为100的话，除了特定的战争时期物价水平略高之外，绝大部分时间的物价指数都低于这个水平标准，第一次世界大战爆发时，英国的物价指数一度变成91。关于这250年间英国物价变化到底为何如此，是值得我们深入研究的。专家认为从黄金和白银这个视角来考虑是比较好的方式，这样不仅仅能够了解其中的原因，同时也能够更深入地了解英国在“金本位”支撑下货币体系的稳定性。

英国是世界上最早进行工业革命的国家，金银等贵金属源源不断地涌入英国国内。美国的加利福尼亚、澳大利亚以及南非相继发现了大型金矿，美洲的黄金白银也在源源不断地涌入欧洲市场，黄金和白银在英国的储量都在急剧增加。即便这些贵金属货币供应量一直处于逐年增加的状况，在250年中英国的物价依旧基本保持了平稳状况。世界各国由此总结出一个结论，即英国的货币体系是一个客观的、不是必须跟着谁走的体系。因为贵金属的供应量有逐年增加的趋势，市场上的商品数量也以更加迅速的速度在增加，所以根本不可能会出现通货膨胀的情况。其实我们还可以这样看待这个问题，由于计算英国物价的时间长达250年，贵金属的涌入量平均分到250年里，其年平均增长率也依旧很低。

长期稳定的货币体系使得英国能够在世界强国称霸长达200多年，这绝对是一个奇迹。采用商品货币无论是建立在金本位制、银本位制或者是金银复本位制的基础上，都不可能发生大规模或者是难以治理的通货膨胀。例如美国，自建国后便采用了金银复本位的货币制度，从1800年到1913年，美国的物价指数从102.2下降到80.7，在这期间美国的纸币供应量与英国一样，也是随着贵金属持有量的逐渐增加而增加的，而这近100年的时间恰恰也是美国整个工业化大跨越的时代，但即使是这样，美国的物价依旧处于逐渐下降的趋势。

在从农业国向工业国转变的过程中，欧洲其他主要国家虽然都处于社会经济空前发展的阶段，但是由于受到贵金属持有量的束缚，各国的货币和物价都非常稳定，整体上没有发生通货膨胀。其中意大利里拉从1883年到1914年保持了31年的货币稳定；德国马克从1875年到1914年保持了39年的货币稳定；瑞典克朗从1873年到1931年保持了58年的货币稳定；比利时法郎从1832年到1914年保持了82年的货币稳定；瑞士法郎从1850年到1936年保持了86年的货币稳定；荷兰盾从1816年到1914年保持了98年的货币稳定；法国法郎从1814年到1914年保持了100年的货币稳定。

从上述各种统计数据，我们可以得出经济学家关于一国必须保证本国物价以一定的速度上涨，否则通货并不是完全正确的。

欧洲在纸币出现以后的200多年里，货币体系的发展处于一个最稳定的阶段，也正是世界范围内整个人类文明进步最快的阶段。从17世纪末到20世纪初，欧洲各国的货币体系由于实施了金本位、银本位或者金银复本位等货币制度，加之政府权力受到了较为强烈的约束，其货币体系相比以前更加稳定。曾经有人高度评价金本位制度，称其为整个西方文明在资本主义黄金时代的最高成就。

这种情况在1914年第一次世界大战爆发后被彻底改变了。欧洲各国为了弥补财政赤字和扩军备战，纷纷停止了黄金的自由输出和银行券的自由兑现，并相继废除了金本位制度。为了支持战争的需求，各参战国都不同程度地滥发不兑换的纸币，严重的通货膨胀在各参战国陆续出现。通货膨胀导致各国货币流通严重受阻，信用制度遭到严重破坏，相关的出口贸易萎缩和国际收支恶化。金本位制度在国际范围内崩溃了。

第一次世界大战造成各国货币币值起伏不定，汇率变化无常，国际贸易遭到了严重破坏。在经济一片混乱的情况下，许多国家再度倡导恢复金本位的货币体制，但欧洲主要国家因战争而损伤严重，已经无力恢复严格的金本位制。1922年世界货币会议在意大利热那亚召开，会上世界各国根据自身情况决定采用“节约黄金”的原则，实行金块本位制和金汇兑本位制。

中国四川在最初发行交子纸币的时候其也是可兑现的，按规定，交子纸币是可以兑换成铁钱的，但随着交子纸币的发行量不断攀升，到最后才无法兑现了。后来的朝代在发行纸币的时候直接规定了纸币不可兑现，这也是中国古代纸币体系一次次崩溃并导致王朝不断更替的根源。

黄金替代品诞生：“美金”

第一次世界大战和第二次世界大战期间，许多欧洲强国陷入战争泥潭，大西洋彼岸的美国却借机大发战争的横财。事实上，美国的创始者们自建国以后就一直在执行敛财战略，利用不插手欧洲事务的时间充分发展本国的生产力，1914年一战爆发时，美国在经济总量的排名方面就已经是世界老大了，最负盛名的三大工业国英、德、法都得靠边站了。

由于世界排名的上升，美元的国际地位也变得重要起来。

第一次世界大战的主要战场都在亚欧板块，战火远离美国本土，借此机会美国大量地生产石油、枪炮、船舰、粮食、棉花等物资，然后趁着欧洲各国打得激烈的时候倒卖本国的各种物资，款项都必须用黄金来结算，不收取纸币，美国就这样在一战中大赚了一笔。战争结束时，美国的黄金储备整整翻了一倍，其经济总量更是超过了英、德、法三国的总和。

相较之下，英国英镑、法国法郎和德国马克在战争期间放弃了金本位制度，三国的信誉可谓丧失殆尽。美国则根据本国当时制定的《金本位法》规定，使美元始终保持着与黄金顺畅的可兑换能力。英镑、法郎和马克这三国的货币在国内带来了持续不断的通货膨胀，对美元不断地在贬值。在这场货币的较量中，美国赢得了完全的胜利，成为世界上公认的强势货币。

一战后，欧洲各国在不断反省下逐渐开始恢复并勉强建立起金本位制和金汇兑本位制，但是情况并不乐观，这样的货币制度很快就再次崩溃了，导致国际汇率一直都起伏不定。第二次世界大战使得欧洲各国不得不再次到经济总量最大并且各方面蓬勃发展的美国大批量购买各种物资，然而由于黄金作为国际硬通货，欧洲各国都必须用其积攒的黄金作为货币来购买民用物资和军用物资。二战结束前夕，美国中央银行黄金储备已经超过了2万吨，占全世界黄金储备的75%。如此巨大的占有量，加之黄金作为当时国际上认可的主要货币，美国可谓雄霸天下。

美国的强大不仅仅表现在货币财富上，在二战战后初期，人口和土地仅占全世界6%的美国，GDP却相当于占有欧洲2／3的份额，外贸出口份额占据了1／3，冶炼钢占有61%，汽车占有84%，美国成了欧洲各国的衣食父母，在经济上无人可以争锋。

由于在国力、财力上占据着绝对优势，再加上纸币美元在国际上保持着良好信誉，二战即将结束之时，由美国主导在全世界范围内建立起一整套全球货币、贸易和经济的新秩序，这套新秩序被称为“布雷顿森林体系”。布雷顿森林体系规定，美元直接与黄金挂钩，1美元的含金量为美国《黄金储备法案》中规定的0.888671克黄金，而其他国家货币则与美元挂钩，对于外国政府的中央银行可以随时按35美元一盎司这样的标准向美国财政部直接兑换黄金，但仅限于外国政府或者中央银行，不可以是个人，这也是美元与英镑纸币不同的地方。尽管这样，我们依旧可以这样认为，在任何时候和任何地方，每持有1美元纸币，就可以兑换1／35盎司黄金，而其他国家的纸币，如马克、法郎、英镑、日元等，全部都与美元保持一定的兑换比率，也就代表着各自不同的含金量。例如1个马克在当时可以兑换0.222168克黄金；1个日元可以兑换2.46852毫克黄金；1个卢布可以兑换0.222168克黄金。而在所有的纸币中，只有美元可以直接兑换黄金，而且只有政府和中央银行才能去兑换。

由此，美元开始替代英镑成为全世界使用最为广泛的一种世界纸币。也正是因为作为硬通货流通着，美元获得了“美金”这一光荣称号。在国际货币体系中，美元的地位等同于黄金，因此美元可以代替黄金成为各国最主要的国际储备金；美元这种绿纸片瞬间变成黄金的替代物。当然从某种程度上说，美元比黄金还要好，因为美元没有黄金那么笨重和难以携带。

在布雷顿森林体系这样一套稳定的国际货币体系的指导下，人们不用再担心自己辛勤创造的财富会因通货膨胀而变成废纸，由于每个国家纸币固定的含金量所形成的固定汇率，同时消除了各国的汇率风险，人们开始专注于创造真实的物质财富。在1945～1971年的布雷顿森林体系之下，西方各国普遍实现了经济高增长和低通胀的稳定发展，各种改善人类生活质量的创造和发明遍地开花，全世界都进入了资本主义的第二个春天。

正因为如此，欧洲大陆的老牌大国从二战中抽身之后，就开始快马加鞭地用外汇盈余向美国财政部兑换黄金。自从美元成为世界货币之后，美国人出手总是很阔绰，相继发动了马歇尔计划、朝鲜战争、越南战争，后来又用援助其他国家的名义发动战争，开始扮演世界警察的身份，又与苏联搞冷战在全球建立军事基地，这样一系列的大动作使美国陷入持续不断的贸易逆差中。这么大手大脚地乱花钱，即使有再多的黄金，也是存在问题的。

可是在美国的概念里，这都不是问题，无非就是多耗费一点纸张和油墨，然后全部印刷成美元就行了。其实这只不过是全世界埋单的世界经济运行模式，这种模式一直持续到现在。

特里芬难题：是否应重建世界货币体系

按照布雷顿森林体系的假设，美国为世界提供纸币美元、世界为美国提供真实的商品和服务这种模式要持续下去，美国就必须一直保持贸易逆差，假设美国不再出口美元的时候，就会发生美元不足，从而影响国际贸易以及经济增长。纸币美元的供应如果超出美国本国的黄金储备太多，国际贸易也会发生问题，加之外国政府或者中央银行与美国财政部大量兑换黄金，美国的黄金储备就会出现大问题。

这一问题是在1960年由经济学家罗伯特·特里芬提出的，被称为“特里芬困境”或“特里芬难题”。事实是检验真理的唯一标准，到1959年底，美国由于对欧洲存在长期的支付赤字，其官方外债与本身黄金储备总价值几乎相等，为200亿美元左右。在这种情况下，假设其他国家都要求美国履行黄金兑换义务的话，美国占有全世界75%的黄金储备也将在瞬间消失。不过即使存在这样的问题，如果其他国家的能力还不足以强大到可以推翻世界老大，那么这种“美国请客、全世界埋单”的模式也将持续下去。

1971年8月，美国短期外债的总额达到了600亿美元，而当时美国所持有的黄金总储备假设按照35美元每盎司的价格来计算，价值也只有97亿美元左右。于是，在1971年8月15日这天的晚上，美国总统尼克松发表演讲，猛烈地抨击国际投机分子所制造的金融市场混乱，声称为了保卫美元的地位，美国政府开始暂时关闭财政部的美元兑换黄金窗口。

大家对于“暂时”是多久的概念提出了疑问，可想而知答案就是“永远”！然而在这段讲话里，到底谁才是“投机分子”呢？根据布雷顿森林体系的规定来分析，只有各国政府或者中央银行才有资格找美国财政部兑换黄金，由此看来，法、德、意、荷、瑞士这些国家的政府大概都是尼克松所说的投机分子。

尼克松关于兑换窗口关闭的宣布，意味着美国背弃了对全世界作出的35美元兑换1盎司黄金的承诺，同时意味着布雷顿森林体系的彻底垮台，也意味着美国政府对全世界的欠账。从美国决定关闭黄金兑换窗口开始，纸币就与一切实物商品都毫无关系了。

人们都知道布雷顿森林体系的垮台是一个影响非常大的金融事件，但这个金融事件对于未来世界究竟有多大影响，人们尚未真正理解，也难以完全描绘清楚。

就是在绿纸片瞬间变黄金的过程中，全世界的货币也正在一步步地由最早的粮食、牲畜、布帛、贝壳，变化到铜钱、黄金、白银，再变为金本位制，再变为布雷顿森林体系，最后终于演变成了目前这种彻底的混乱体系。从美国宣布美元脱钩黄金的那一刻起，我们的世界就开始变得大不相同了。原始时期人们必须依赖于劳动来获取金钱，而金钱本身就是人类真实的财富，然而当整个世界的纸币与黄金白银脱离联系后，信用就可以用来进行交易，可是这样却造成债务无限制地累加、钞票无限制地印刷的情况。

尼克松总统的声明，意味着整个世界的货币开始掉入了无止境的债务黑洞，在这里没有任何一个国家和个人可以脱离这个黑洞，只有重新疏理世界货币体系，世界货币才能够获得新生。

时至今日，无论是葡萄牙还是希腊、西班牙还是意大利、日本还是英国、美国还是中国，全世界的国家都在这个黑洞中忍受着债务的煎熬和炙烤。

第二章
货币发行
——国家的信用与价值

每个人都知道，货币发行的目的是能够使商品流通，如果人们生产的产品只够自己消费，而没有剩余产品进行买卖，那就无所谓货币了。在历史上，每一个国家建立后都会发行自己的货币，制定一套自己的货币发行制度。那么货币是如何发行的？一次要发行多少货币才算合适？本章将为您一一解答这些问题。

“铸币税”：货币的发行价值

到2009年，中国的外汇储备已经超过两万亿美元。官方权威认为这两万亿外汇储备是中央银行用人民币购买的，是中央银行的负债，假设财政要使用这些钱，就必须通过发行国债来购买。而这两万亿的外汇储备到底是中央银行的负债还是资产呢？中央财政要使用这些储备必须发行国债购买吗？搞清这些问题的前提就是必须分析货币的发行。

国家的基础货币是在社会流通过程中永久占用的必须货币，而这部分货币一旦发行了，央行是永远也不用收回的。因此，基础货币的发行也就是在发行价值，即货币在发行过程中就会创造一定的价值，这就是人们通常所说的“铸币税”。在纸币制度的条件下，央行通过发行货币所创造的价值量就是基础货币的发行量。根据央行的数据显示，我国基础货币量约为13万亿人民币，这就意味着基础货币在发行这个过程中可获得约13万亿人民币的发行价值。由于这笔发行价值是由国家的信用所创造的价值，是可以任意支用的价值，一般情况下发达国家的这种货币发行价值通常都用于社会二次分配，例如社会公共福利开支，用以缓解市场经济中社会供求不足之间存在的矛盾。

然而我国这13万亿人民币的基础货币发行价值在哪里呢？鉴于我国基础货币发行全部都是由央行购买外汇储备所替代，同理可知国家两万亿美元外汇储备是用13万亿人民币基础货币的发行价值购买来的。国家对基础货币发行所产生的价值是可以由国家财政任意支配的资产，那么这笔资产同等值购买的外汇储备为什么就变成负债了呢？由此分析来看，我国的外汇储备在基础货币发行的限额内并不算是国家的负债，而是国家可任意支配的资产。当然假设外汇储备的价值超过基础货币发行限额，这之外的部分就是国家的负债了。

正是由于我国的货币理论并不能清楚合理地解释货币发行中的价值创造原理，任由外汇储备替代基础货币发行所创造的价值，使得我国这13万亿人民币的发行价值被当作国民福利的价值拱手送人却还不知道。要知道基础货币发行所创造的价值是国家可任意支用，并且应该是用于社会福利的公共资产，在我国却将其当作对资本的负债，这真是个笑话。为什么说我们将基础货币发行所创造的价值，也就是这13万亿人民币被当作国民福利的部分拱手送人了呢？因为当我国用这13万亿人民币购买并持有两万亿美元外汇储备时，国民并没有相应获得对这笔财富的享用，而外汇所在国却因此而增加了两万亿美元的货币发行，这一过程中创造的相应份额价值量（即我们通常所说的外汇所在国的“铸币税”收入）却在不断增加。正因为如此，本来应该由本国货币发行创造的价值量由于用外汇储备来替代发行，货币发行所创造的价值量就向外汇所在国转移了。因此，我国基础货币发行所创造的价值（13万亿元人民币），都被外汇所在国给白白夺取了。

此外，还有一点应了解的是，从理论上说，外汇储备是双重损失，其损失不仅仅是这13万亿元人民币。一般人只是看到外汇贬值这一部分的损失，并没有看到因货币替代发行所造成的本国消费需求的损失，也没有看到因基础货币发行所创造的价值原本是由国家调度，用于国家调节消费需求日益不足以及日益严重的两极化矛盾的。国家大量的外汇储备本质上深化了消费需求严重不足的矛盾，因此从整体经济效益和经济内生素质的角度来考虑，这两万亿外汇储备给我国经济所造成的损害不仅仅是两万亿美元，应该是13.67万亿元人民币的2倍。从这个角度来分析，我们可以断定即使国家现在将两万亿美元外汇不计入资产里，也比替代国家基础货币发行这样的状况要好得多。可见，国家应该更积极将此笔外汇储备花出去，这绝对是件利国利民的好事，因为这部分是国家资产并不是负债，一旦将外汇储备花出去，外汇替代基础货币发行的这13万亿元人民币价值就可以通过财政赤字、财政透支等多种手段来进行转移支付，从而形成国民福利。在整体经济中消费需求的增量具有乘数效应，假设我国在国民福利上增加13万亿元人民币的消费需求，所产生的经济促进作用将是空前巨大的，仅此一项就足以使我国经济发展水平更上一层楼。

由此可见，我国需要弄清楚货币价值发行的一整套理论，下面让我们对货币发行制度来进行考察。

欧美国家货币更迭之路

货币发展史的实质其实就是一国货币信用的变迁史。

在金属作为流通货币的时代，由于金属具有价值，所以货币本身就有一定的内在价值，加之那时根本没有国家政权的介入，货币是可以自由铸造和流通的。在银行券最开始出现的时候，金属货币与银行券在市场上是混合流通的，而银行券是出于交易需要产生的，只是代替了金属货币执行流通手段的职能而已。以随时可以兑换为有一定价值的金属货币为前提，银行券在市场上开始流通。那时信用的承兑者是银行，并且很少出现政府对银行券的发行进行限制的情况。后来银行券的流通范围不断扩大，银行对于银行券的发行量也渐渐超过银行自有金银的库存货币量，这样就会导致银行券贬值。此时政府会采用法律形式对银行券的发行做出相应的规范，用以保证银行券币值的稳定，并且防止滥发银行券。因此世界各国相继制定了相关的货币发行法，采用由中央银行垄断货币发行权，金、银本位制的货币制度。各国关于货币发行的制度大致有以下几种形式：

1. 完全的现金准备制。银行券的发行要有足够的现金准备，也就是说要发行的银行券的面值总数要同时拥有与之同等价值的金、银储备。

2. 部分现金准备制或比例现金准备制。主要是说由国家规定银行券发行的一个最高限额，超过最高限额的部分必须要有百分之百的金、银准备，或者按银行券发行额的一定比例的面值来做黄金准备。

3. 最高限额发行制。这时要求实际银行券的发行面额和黄金准备金的比率都由中央银行进行调控，中央银行可以根据实际情况来具体调整银行券发行的最高限额。

4. 证券的托存制。这是以国家公债等有价证券的名义来作为发行银行券的保证金。

上述以实物金、银作为保证金的金本位制货币，在发行的最开始都有大比例黄金保证金，甚至是足额的黄金保证金，但是由于经济不断发展对于流通货币需求量的扩大，货币量也在不断地增加，但是保证金黄金的储量却无法跟上这个增长速度，于是保证金的比例这个杠杆变得越来越大。在正常的经济条件下，一般没有人会去怀疑保证金黄金的储量是否足够，因而货币的币值一直能够保持稳定性。可是一旦类似经济危机的情况出现，银行的信用下降，人们就会猜测纸币背后的黄金保证金是否足量，能否保证随时兑换。在这种危机状态下，纸币持有者就会蜂拥到银行要求兑换黄金，这样黄金就因挤兑而减少，市面上的纸币也因兑换黄金而减少。因此，以实物黄金作保证金的货币，在经济危机中会出现信用严重不足的情况，通货紧缩的到来也会不断加深经济危机的严重性。于是，依赖黄金作为保证金发行的货币制度，由于其无法解决的问题而最后坍塌了。

虽然国家信用货币制度在发展初期各国的货币发行依旧沿用发行保证金制度，但是此时发行的准备金却与金本位制的保证金有着本质上的区别。首先，纸币并不与金银直接挂钩，此时的纸币不能直接兑换金银。其次，准备金的设置不是用来与纸币兑换的，而是用于稳定纸币的购买力，换句话说，是用于保证纸币币值稳定的。在用外汇和有价证券作为准备金的时候，苏联、东欧以及中国等很多国家都曾用实物商品作为纸币发行的保证。由于黄金对物价稳定和币值的稳定没什么好处，于是黄金就不再被用作准备金了。比如，1939年9月英国将英格兰银行的黄金储备全部移交给国库，1939年法国取消了银行券的黄金保证制度，1968年美国取消了银行券以黄金作保证金的制度。黄金此时已经不再是货币，并且在各国都开始彻底退出了流通的舞台。在现今社会，黄金只是作为普通的商品形式出现，但是经济相对疲软的国家还是可以利用黄金在国际上获取外汇的。

中国的货币史始于交子的发行

我国货币制度的历史可以追溯到春秋战国时期，那时的钱币有黄金、铜钱、珠玉、龟贝和银锡等形式，这已经遥遥领先西方大约1000年的时间。大约在公元前221年，秦始皇建立统一王朝之时就通过颁布法令的形式统一了全国的货币，开始了由朝廷集中铸造钱币的时代。据说著名的孔方钱就是那个时候出现的。我国历史上多以铜、铁作为钱币的介质，不过从宋朝开始到清朝前期，由于我国生产力和技术水平的发展，周边国家都与我国进行贸易往来，贸易额处于入超状况，后来在明清时期开始输入大量的白银，于是白银开始成为钱币的主要介质。

我国关于纸币的历史可以追溯到唐朝，同时我国也是世界上最早产生纸币的国家，在唐宪宗时就出现了相当于纸币的“飞钱”。后来在北宋初年，四川成都由于商业发达以及通货紧张，当时的铁钱流通不畅，于是出现了一种被称作“交子”的代用钱币。南宋时期还出现了作为全国主要货币使用的纸币“会子”。元朝时期元世祖忽必烈下令全国使用统一的纸币中统元宝交钞，这是我国甚至全世界有史以来第一个完整的纸币流通制度。这种交钞在发行初期是可以兑换金银的，后来不能直接兑换但是也有准备金作为保证。元朝政府为了稳定币值，实行集中金银并且全部收归国库的政策，禁止民间进行金银买卖和出口。这种以金银为本位、拥有雄厚的准备金作为保证，并且严格控制金银流通的货币制度，在当时世界上都是最先进的。由于元朝幅员辽阔，地跨欧亚，并且商业贸易十分发达，所以这里云集着世界各地的商人，纸币也流传到了欧洲等地。意大利著名的冒险家马可·波罗就对中国使用纸张代替金银这个举动大加赞赏。可是在元朝后期，由于统治者生活奢靡，加之连年征战，国库入不敷出，后来又因镇压农民起义而大量发行没有金银作为保证金支持的纸币，交钞走上了崩溃的道路。

从明代中后期开始，白银的大量流入引起了我国以铜钱和纸币相结合的传统货币制度的变革。实际上白银很早就是货币的一种，但是由于产量缺失，使得其一直未能取得流通媒介的主导地位。但是由于铜铁价值低，并且朝廷因为农民起义战争滥发纸币，从而导致纸币的信用不足，加之白银的大量输入，致使白银很快取代铜钱和纸币的地位，成为了主导货币。在清朝的时候，以白银为主币、铜钱为辅币。康熙、雍正年间，清朝开办了“官钱局”，主要负责兑换银钱，调节钱价和铸银锭，后来逐渐扩展到经营货币兑换和汇兑等业务。

在我国最早出现的具有银行雏形的是1776年在上海成立的“钱庄”。1821年，山西平遥县人曾将颜料庄改组为票庄，这成为清朝时全国第一家民间票号，后来由山西的平遥、太谷县、祁县的商人集资，相继开设票号，在全国范围内迅速形成了票号业务网。票号的业务主要是办理货币汇兑，这种汇兑业务主要是由各家银号通过签发可以兑换十足银两的银票。这种银票实际上就是西方国家的银行券。后来在1845年，英国人在我国香港和广州两个地方分别设立了丽如银行分行，1848年还在上海开办了东方银行分行。

其实世界最早的银行储蓄出现在1580年意大利威尼斯，而我国第一家具有近代特征的银行是1897年成立的上海中国通商银行。其主要经营存款、放款业务，并且发行银元券和银两券。1905年8月，清政府在北京成立了户部银行，这可以说是我国历史上最早的中央银行，主要负责发行纸币性质的银两兑换券。1908年户部银行更名为大清银行。此时私人钱庄与官办银行都可以发行可兑换的银行券，但是由于银行券是以银来定价，所以一般都是发行者同时负责兑现。到了1909年6月清政府颁布《兑换纸币则例》，这时开始明确规定纸币发行权归属于清政府，大清银行负责一切发行、兑换事务，其他所有官商银行票号一概不准擅自发行纸币，这标志着我国开始建立了银本位制货币。

北洋政府的国家银行在1912年辛亥革命后被授予兑换券的发行权，但是由于袁世凯称帝事件激起了全国大规模的讨袁战争，各地方军阀政权纷纷发行钞票来筹措军饷。北洋政府于1914年2月颁布了《国币条例》，开始实行银本位制币的相关改革，但币制的多重问题使得改革未能实现。北洋政府又于1918年颁布了《金券条例》，预备实行金本位制，但又因没有发行准备金而胎死腹中。1924年8月孙中山在广州创办了中央银行。1927年10月，南京国民政府颁布了《中央银行条例》，次年公布了《中央银行章程》，1929年11月1日民国中央银行在上海成立。1935年9月南京国民政府又公布了《中央银行法》，其中规定了中央银行为国家银行，并且唯一享有发行兑换券的特权。1935年11月2日，南京国民政府以财政部布告的形式发布了《法币政策实施办法》，规定以中央银行、中国银行、交通银行等三家所发行的钞票为法币，但是并没有规定法币的含金量，只是规定不得使用银币、银锭、银块等作为现金。就这样法币从此脱离了银本位制度，与西方主要资本主义国家脱离金本位制同步，并且法币的发行准备金白银通过运到伦敦换成英镑并且存在英国来作为发行准备，通过这样的方式来维持法币的汇率稳定。次年5月，国民政府与美国签订《中美白银协定》，正式确定法币与美元汇率挂钩。

后来在抗日战争时期，陕甘宁边区政府为了适应抗战的需要，于1937年10月将中华苏维埃人民共和国国家银行西北分行改组为陕甘宁边区银行。皖南事变后，国民党政府停止发放边区的军饷，为了打破国民党对边区的军事进攻和经济封锁，陕甘宁边区政府于1941年2月18日开始发行边币。边币的发行是以商品实物作为保证的，这样能保持物价的稳定。其实很多抗日民主根据地还发行过“抗币”，但是这些边币和抗币是在当时极端艰苦环境下发行的，发行的目的是为了支持生产和战争。1948年12月1日，中国人民银行在华北银行、北海银行和西北农民银行合并的基础上成立了，这是个开创人民币新纪元的大事件。

各国货币发行制度对比

在信用货币制度发展的初期，各国都是以某种或某几种形式的资产作为发行货币的准备。在当代世界，各国都已经实行信用货币制度，以国家信用作为货币发行的基础。可以作为货币发行准备金的有：金银现金、财政短期国库券、短期商业票据、外汇、政府债券等。一般情况下金银现金作为准备金是缺乏弹性的，而有价证券作为准备金又难以控制，因此各国现在采用的货币发行准备制度一般都是将这两种准备金结合起来。现在的准备金制度有弹性的比例制、保证准备制、保证准备限额发行制、现金准备发行制和比例准备制这5种常见的形式。

美国的联邦储备系统由联邦储备管理委员会、联邦公开市场委员会和地方12家联邦储备银行这三个部分组成。对于政府来说，联邦储备系统是个具有独立性的“私有化的中央银行”，但是联邦储备管理委员会的7名委员必须由总统提名，并且要经过国会的通过后才可以正式任命。其中联邦储备管理委员会主席与财政部、预算局以及总统经济顾问委员会的负责人组成“四人决策委员会”，由该委员会来决定国家的货币政策。由此可知，美联储的管理并不是真的私有化，它是能够体现美国国家意志的。美联储从成立之初就拥有代行政府的国库财务收支、政府证券发行管理、政府贷款人等职责，也正因为如此，美元的发行方式是别具特色的。在美国，货币实行“发行抵押”制度，这种发行抵押的制度是通过提供百分之百的抵押品作为发行联邦储备券的保证金，但是同时具有很大的弹性，并非一定要根据事先规定的限额。于是美国货币发行制度呈现出自己固有的特点，即货币发行独立于政府，但货币发行所创造的价值完全归于联邦政府。

在英国，货币的发行制度也有自身的特点：（1）英格兰银行根据自身持有的黄金数量规定超额发行的数量；（2）英格兰银行通过分支机构向商业银行供应货币，不直接向商业银行贷款，一般会通过贴现所和承兑所贷款；（3）英格兰银行只在英格兰和威尔士的银行才享有货币发行权，在苏格兰和北爱尔兰两地发行的货币必须有英格兰银行发行的货币作为保证。

在日本，货币的发行制度的具有如下特点：（1）货币发行保证金包括金银、外汇、3个月内到期的商业票据、银行承兑票据以及特殊的抵押担保放款等；（2）货币发行实行最高限额发行制；（3）购买黄金和外汇以及对民间、政府提供信用是其货币发行的主要途径。

在加拿大，货币发行制度的特点如下：（1）发行货币的准备金必须全部为政府债券；（2）货币发行的渠道主要是中央银行向政府购入债券，其发行所创造的价值完全归于政府。

在中国的香港地区，货币的发行制度实行联系汇率制度。港币的发行基础是港币的流量和存量都必须得到外汇储备的完全支持。也就是说港币的变动方向必须与外汇储备的变动方向相一致。但是香港并没有真正意义上的货币发行局，港币主要由汇丰银行、渣打银行、中国银行（香港）这3

家发钞银行来发行。法律规定发钞银行发钞时，必须按照7.80港元兑换1美元的汇率向金管局提交等值的美元，用以购买负债证明书来保证所发钞纸币的价值。同时在回收港元时，发钞银行可以用港元现钞以同样的比价向外汇基金兑换美元并且赎回负债证明书，其实这是英属殖民地时所残留下来的汇兑本位货币制度，这部分货币发行中所创造的价值也全部送给了外汇所在国。

信用货币创造巨大价值

信用货币制度对社会经济的发展具有巨大的促进作用，它是人类伟大的发明之一。由于信用货币制度的产生，人类从货币生产的劳动中解放出来，要知道货币制度几乎占了商品生产总量的一半。国家可以从信用货币的发行中获得价值用来调节社会的分配不均，在一定程度上缓解劳资之间存在的矛盾，很多发达国家的高社会福利其中的很大一部分就得益于此。但我国由于理论缺失至今都没有认识到这一点，我国的货币发行价值大部分都是通过外汇储备来替代发行，使得货币发行的巨大价值都拱手送给了外国人。

国家信用、商业银行信用、股市上市公司的企业信用，这三种不同的信用蕴含了信用货币的三大基本原理。这三种不同的信用作用于货币的价值与使用价值之中，从而构成了当代信用货币的价值基础，使原有的经济运行规律发生了根本性的变化。由于传统经济学对于这种变化是无视的，因此也无法利用其解释现实。我们必须揭示并认清这些客观存在的规律，促进我们的经济健康地运转。

马克思曾说过：“劳动是一切价值的源泉。”在信用能够创造价值的今天，这个论断同样正确，因为信用不是虚无的也不是凭空而来的，信用同样是一种人类劳动的产品，只不过这种劳动产品并不是客观存在可以触摸的，如同经过人类劳动加工后的信息产品一样，是无形的资产并且存在无形的价值。

产品所具有的一种属性就叫信息，商品信息的价值是经过了人们的收集、整理与加工、润色等工作后得到的。信息本身并没有好坏之分，然而当信息经过人们的改变后，这种特殊属性的信息产品就具有了自己特定的价值，而这部分信息中就会产生“信用”，因此，信用是一种经过人类劳动而产生的产品。

信用为什么可以算作是人类劳动而产生的产品呢？以一个企业的信用来分析，企业的信用来源于企业管理者的管理，其中企业管理者就是劳动者，而企业的信用来源于企业管理者的劳动。而一个国家的信用来源于国家的组织管理者的管理，国民经济的强大来自全体国民劳动的积累，归根结底都来源于劳动。我们都知道，货币也曾经是商品，它本身就包含了价值与使用价值，同时货币的使用价值还要作为交换的媒介，但是这种交换媒介刚开始的时候是不便于运输和分割的贵金属，后来逐渐进化成便于运输和数量分割、能够自由交换的纸币，这样不但大大提高了交换的效率，还提高了货币的流通速度，这些都为提高商品交换的社会劳动生产率作出了贡献。也正因为如此，信用货币在发行过程中所创造的价值就可以被当作国民劳动所创造的价值，只不过这种价值是更高层次的劳动所创造的，是由全体国民的共同劳动所创造的。

在贵金属的货币时代，铸币税收入是依据市场所需要的货币价值量来决定的，并且由贵金属本身的价值量提供。假设要发行金银铸币，一般情况下铸币所用金银的价值要小于铸币面额，于是中间的差额就是所产生的铸币税收入。

铸币税收入＝铸币面额总量－铸币金银价值量

同样这也算是货币发行收入的一种，但是由于这种收入是由面值与实质差额构成的，所以并不为社会所认可，因此，铸币税并不属于货币发行中所创造出来的价值。

在金本位制货币阶段，货币发行所创造出来的价值是一部分价值。在初始发行阶段，要求实物黄金价值量与所发行的同黄金挂钩的纸币所代表的价值量是相等的。但是，由于市场上所流通货币量的增长速度超过发行实物黄金量的增长速度，于是实物黄金价值量与所发行纸币所代表的价值量就会变得难以很好地匹配。那个时候实物黄金是处于保证金地位的，而实际发行的纸币虽然与黄金挂钩，但是其面额却高于黄金保证金的价值量数倍。

1944年，国际货币体系确定了以美元为首的金本位制。在发行的初期， 1945年美国的黄金储备大约为21770吨，可支持同等比例美元的发行。但是在双边和多边贸易快速增加的情况下，到了1952年，美国的黄金储备不但没有增加反而下降至20663.1吨。由于不断增发的美元与不断下降的黄金储备存在着矛盾，引发了多次美元对黄金的兑换高峰期。到了1971年，美国的黄金储备下降为9069.7吨，只能负担美元对外流动负债的15.05%，对外发行的美元的价值是黄金保证金数量的6.5倍。金本位制中的黄金仅仅是以保证金的身份为货币的等价兑换提供保证，但是当经济危机和信用下降这样的状况出现的时候，就会引起货币与黄金的兑换量增加，甚至发生挤兑的情况，从而引起通货紧缩，导致经济危机加重。

在金本位制下，黄金保证金所提供的货币信用十分不稳定，黄金保证金仅在名誉上提供了担保，不能够制约货币发行机构不守信用的行为。同时在金本位制下的黄金保证金价值是个变量，是随着发行机构的信用变化而变化的。通常保证金足额时，市场上所需的货币量等于黄金保证金的量。一般情况下：

货币发行所创造的价值量 = 市场所需货币价值量 − 黄金保证金的价值量

事实上，在信用货币阶段，信用货币的发行成本很低。信用货币发行的最开始阶段，通常会设置发行准备金，这种准备金可以是贵金属、外汇甚至是粮食等生活必需品。随着经济发展速度的加快、国家信用的提高、社会生产能力的提高和国家实力的全面增强，很多国家的货币发行都不再需要任何准备金和保证金作为保障。在浮动汇率制度下，国家一般需要设置一定比例的外汇储存量，用来调节本国货币汇率，具体数量要根据国家的规模、国民经济的内在潜质、经济抗风险的能力、国民经济发展所处的阶段等情况来确定。忽略上述因素的话，便可将国家基础货币发行量作为货币发行所创造的价值量。

铸币税并不是在货币发行过程中所创造的价值，而是在贵金属货币阶段所特有的，在铸造货币过程中所创造的价值，即面额价值与内在价值的差额。与之相比，信用货币的面额价值主要的来源是国家信用，国家为这种货币做保证，这种货币所创造的价值并不低于纸币的面额，是一种价值创造的新形式。现如今，多种货币发行方式在信用货币制度下并存，货币的内在价值因发行方式的不同而改变，铸币税的有无也因发行方式的改变而发生变化。所以，铸币税已经难以解释货币发行所创造的价值。

发行货币——国家信用创造的价值

货币是作为等同价值或等同价值保证的交换媒介，作为一般等价物，货币本身就是有价值的，因此不管货币的载体是商品、纸币还是电子货币，这些都要有价值，否则就不能成为货币。国家信用为什么能够创造价值？主要是源于货币的发行，但并不是在货币发行中实现的。

货币发行的过程就是从创造价值到实现价值的过程。以我国发行国债的过程为例：假设财政部为货币发行设置了价值10万亿元的国债，中央银行发行了这10万亿元货币，通过买入国债的方式存入国库，经过这样的操作后，财政部就可以获取这10万亿元的货币并且用作社会福利，由此财政部获得了价值10万亿元的商品价值，并且这些货币都进入市场进行流通。但是与普通商品不同的是，市场上的交换过程要求货币具有一定流通使用量，作为交换媒介的货币在完成一次交换后，还需要等待下一次交换。货币会在投放市场后一直滞留在市场上进行流通而不再回到发行者手中。也就是说，财政部发行的这10万亿元国债可能会一直存在中央银行的仓库里，永远都不用赎回，并且用这10万亿元购买的福利不仅实现了对货币发行价值的创造，而且能够永久占有。通常我们会将基础货币的发行量当作发行货币所创造的价值，同时也是市场流通对货币价值的需求量。这主要是因为基础货币被当作社会流通对货币需求的最低值，并且基础货币的发行同时也实现了对货币的永久占用，这种占用是指在流通中永远都不用收回的量。

为什么货币一定要是有价值的交换媒介？那是因为基础货币通过中央银行以资产的形式发行出去，就会导致社会供需严重的不平衡，并且社会生产也会不平衡地发展下去。

中央银行的货币发行方式全部采用向商业银行贷款并且贴现。一般情况下，商业银行从中央银行获得货币贷款，这部分的借款算是中央银行的资产，对于商业银行来说则是负债，而商业银行的这部分负债只有通过向居民和企业贷款的方式才能够使得货币再次流向社会。同时，需要特别注意的是，这种货币流回社会的方式与财政部通过购买社会上的商品来发行货币的渠道和所产生的效果是完全不一样的。财政部是通过购买社会上的商品来发行货币，社会中的居民和企业是以通过提供劳务和自己生产的商品来获得货币，居民和企业手中所持有货币的所有权也是通过用自己的商品交换价值得来的。由于居民和企业占有货币的价值，与商品供求和社会生产毫无关系，所以这部分货币是可以任意滞留在货币所有者手中的。

假设居民和企业银行是通过贷款的方式来获得货币，那么手中所持有的货币就是商业银行对中央银行的负债，负债是要求强制归还的，那么就需要出售同等价值的劳务或者是商品才能够实现对这些货币的所有权和使用权，并保持长期持有。可是假设社会所有的成员都只能通过出售商品的方式才能获得货币价值的持有权时，根据社会供需平衡的原理，社会因为流通的需要持有一定数量的货币，加之这些商品一直都不存在买家，因此社会总供需就会存在这样一个差额并且相同价值的商品需求缺口。这个需求的缺口会造成社会的供需不平衡，一方面是生产萎缩使得市场消费水平没有一个上升的空间，另一方面是货币的价值会上升。

基础货币作为社会流通所需要的货币，其发行必须通过财政赤字或者是永不偿还的国债等国家占有价值的形式，只有这样基础货币的价值才会被创造出来，而用商业银行向中央银行贷款和贴现的方式发行货币的过程是不能创造出货币的价值的。基础货币的发行所创造的价值是客观要求，是价值规律的体现。一般情况下，基础货币的数量就是一个国家在货币发行过程中通过国家信用所能创造的价值量的总和。我们可以拿黄金作为比较对象来理解货币发行中价值是如何创造的。在贵金属货币时代，国家必须生产出高于国民经济总量1/3以上的黄金用作基础货币，只有这样的量才能满足经济发展对货币的需求量，虽然现在用国家信用货币替代黄金货币，但是同理，国家用信用创造出来的价值也必须与黄金的价值是相等的。

下面我们用美元的发行作为例子来更深刻地了解国家信用货币的发行是如何创造价值的。美联储有三条不同的渠道来投放基础货币，分别是购入政府债券、再贴现贷款和持有黄金及特别提款权。而这三种基础货币发行的投放渠道主要是通过买入美国联邦政府债券来增加发行货币，再贴现贷款用来调节临时的余缺。这期间美国财政部用政府债券作为抵押向美联储贷款，通过这样的方式融资，并且这部分资金将用于财政支出，由于基础货币是市场流通中所必需的货币并且不必再返回，因此美国财政部就可以永远占用同等数额的债券融资额度而不用归还。通过这样的方式美国财政部实现了对货币发行过程中所创造价值的真正享有，财政部使用这些美元货币购买社会商品，同时财政部获得了这部分价值的商品，而社会获得了美元的流通，这样的循环也使得企业和居民获得了对美元的持有权，形成了一个完整的价值创造并且转移的过程。

美元作为国际货币的身份为美国带来了更多的货币发行价值，因为这样美国的财政部不仅享有了对国内基础货币发行所创造的价值，同时享有了对国际货币发行所创造的价值。据美国财政部的数据表明，截止到2014年，美国国内基础货币发行量约为4.48万亿美元，并且这个数据不包括由美国债券替代的货币发行的货币价值量，要知道美国用债券替代的货币发行数额要高于基础货币的发行量的数10倍。

美国不仅仅获得了这些债务货币的价值，与此同时美国还通过一种更加隐蔽的渠道来发行货币，那就是财政赤字。其赤字财政价值的受益人和享有权人也是美国财政部。虽然美元的发行量不断增大，但只有当这两种渠道发行的货币量超过国际社会的持有与流通需要量时，美元货币才会发生贬值。

在我国，基础货币的发行方式通常有以下几种：（1）中央银行在公开市场上买进国债；（2）中央银行收购黄金和外汇；（3）中央银行对商业银行再贴现或再贷款；（4）财政部发行通货。

中央银行通过在公开市场上买进国债，而不用归还的部分就是国家所占有的国债发行所创造的价值，可是这部分货币的发行量太过微小了，否则也是我国财政收入的一项大的进账。我国货币发行的渠道主要是购买外汇，通过购买外汇投放人民币来替代货币发行，而再贷款和再贴现这部分业务的比例太小，对我国基础货币的发行没有什么影响。到2013年，我国基础货币的需求量约为13万亿元人民币，但两万亿美元外汇替代的人民币就高达13.67万亿元人民币，于是基础货币的发行全部为外汇储备所替代了。在这样的情况下，国民不仅没有得到货币发行过程中所创造的价值，而且还要为中央银行采取央票和存款准备金率方式锁定的高出基础货币量的7700亿元人民币来支付利息，可见我国基础货币发行存在着很大的漏洞。

货币的发行与调节窗口

从以上关于货币发行过程的论述，我们可以看出，货币的发行其实有两种性质不同的窗口：货币价值的发行窗口和货币的发行调节窗口。货币的发行价值只有在基础货币的限额内，通过国债这样不用偿还的方式发行货币才可以被创造出来。由于社会对货币的需求通常是一个动态的、变化的量，而基础货币却是一个相对固定的量，这样就需要调节货币发行窗口来补充基础货币发行的量来应对货币需求的短期波动。一国货币需求的短期波动与一国经济状态也有很大的关系，同时与一国的货币政策也有关，尤其是在经济或金融危机的情况下，商业银行的信用下降会导致货币派生能力很大程度的下降，同时基础货币的流通速度也会跟着大幅下降，这种货币流通速度的下降往往会引起通货紧缩，从而加深经济危机破坏国家经济的程度。此时中央银行就需要放松货币政策，而放松货币政策的一个重要而有效的手段就是通过货币调节窗口来发行货币。

通过货币调节窗口发行货币的方式主要是中央银行对商业银行再贴现或再贷款等方式。假设，美国现在正处在金融危机当中，货币流通在商业银行这个节点上已经停滞，但是为了救市，美联储就必须通过货币调节窗口来发行货币。曾经有人认为增发货币就会引起通货膨胀，但是我们知道这其实是西方货币主义学派理论的错误观念。增发货币并不完全等同于通货膨胀，主要还得看货币是通过哪个窗口发行的，并且也需要看所增发的货币是否能够按货币供求规律及时收回。

在正常情况下，社会流通需要的货币量是基础货币，但是当经济或金融危机来临时，商业银行的派生货币功能丧失，此时实体经济流通对货币的需求量就会超过基础货币的量。在这种情况下，如果不增发货币就会使国家的经济瘫痪，只是此时对于货币的需求量是货币发行不正常情况下的量。而当货币流通速度恢复正常时，假设所发行的货币不能以贷款的渠道收回，就可能会发生通货膨胀。货币的内生需求机制，再贷款和再贴现方式发行出去的货币也会自动返回中央银行。

国债货币发行窗口对货币发行的数量具有调节作用。不同于再贴现和再贷款窗口对货币的短期调节，国债发行窗口对货币量的调节主要是中长期的调节。基础货币作为一种不用返还的国债发行货币，基础货币量在长期过程中也是需要进行调节的。由此可知，基础货币以国债方式发行是最便于进行数量调节的，所以当短期贴现和贷款窗口所发行的货币占用贷款时间过长时，我们就可以认为这部分货币具有基础货币的属性，可以将这些货币的发行转移为国债货币窗口发行。

由于美元承担着国际货币的责任，所以通过国债窗口发行美元货币就具备了更加特殊的意义。由于国际贸易的不平衡以及各国对于美元储备货币的需求，都要求有一个中长期的货币需求，从理论上来讲这些货币最终是要返回发行国的，但是国际货币就像国内基础货币发行的程序一样，在浮动的汇率制度下世界上每个国家都需要通过持有一定数量的国际货币来稳定本国兑换他国的汇率，这样就使得一部分货币永远都不能返回到美国，因此以国债来承担国际货币发行的确是一个非常好的选择。

调节窗口发行货币的最大特点是，假设社会流通不需要多余的货币时，就可以将所发行的货币回收。一般情况下商业银行是通过负债的方式来发行货币的，通过市场上对于货币需求的调节机制，货币可以自动地从市场的流通中退出而后重新返回中央银行的账户里，这部分货币在账目上表现为商业银行归还中央银行的贷款，其中这部分货币的发行价值也就经历了从创造到湮灭的完整过程。

通常情况下，公开市场上的国债买卖都是用来调节长期的货币流量的，当然也不能排除用于短期的调节目标。为了更好地了解调节窗口是如何调节货币流量的，我们来看看我国调节货币发行窗口关于货币发行的例子：

1. 人民银行总行每年都会根据国家经济以及社会发展计划提出人民币的发行计划，从而确定年度货币供应的数量。

2. 通过调拨优化发行基金的结构。发行基金也就是待发行的货币，也可以称之为货币发行的准备基金，但是其不具备货币的性质。发行基金由总行统一掌控，各级人民银行的分行进行保管，动用和调拨的权力是归属于总行的。

3. 商业银行的现金收付业务是日常货币发行的惯用方式。每个商业银行自己的库存现金都有一个固定的额度。一般情况下，根据商业银行与人民银行的货币收付关系，将人民银行发行库的发行基金调拨到商业银行的业务库，通过这样的方式发行基金就转变成货币了，然后由商业银行通过现金支付给银行客户，于是就以人民币钞票的形式进入到市场当中流通，这在银行业务中被称为“现金投放”。现金归行主要是指每日商业银行要从市场上回收一定数量的现金，这部分现金要归入现金库，当现金库内的库存货币超过规定限额，超出限额的现金部分就要送交到人民银行的发行库保管。出库即货币发行，是指货币从人民银行的发行库到商业银行的现金库的流程。入库即回笼货币，是指货币从商业银行的现金库回到人民银行的发行库的过程。

在一定时期内货币的发行量是增加还是减少，主要是受中央银行的货币政策以及国际经济对货币的需求这两个方面的影响。调节性的货币发行是一个进出流水口，它是根据对货币的需求量自动地做出流动性的调节。由于国家信用是事实存在的，是以一国经济发展作为基础的，是全国人民劳动的结晶，所以以国家信用发行货币所创造的价值是本国人民的共同财富，应该用于国民福利建设，是不能被任何一个社会阶层所占有的。然而，以购买外汇替代本国货币发行，这是资本阶层为保证资本利益而对全体国民利益的占有，如此，我国会有更多属于国民福利的部分被他国享有，这样会造成社会生产力的发展速度与消费需求不足之间的矛盾不断扩大。

混乱的货币层概念

自信用货币出现后，纸币成为货币交换媒介的主要承担者，因此西方经济学也将货币定义为“人们普遍接受的并且能够充当交换媒介的产品”，但是该理论由于埋没了货币本身的价值属性，为西方货币理论埋下了错误的种子。西方货币理论在货币的定义上缺乏价值属性作为核心，其货币只有交换媒介的功能，这不能使人们准确地区分具有交换媒介属性的派生货币与货币的不同。在缺乏价值属性作为核心的货币理论中，区分货币的唯一标准只有货币的流动性，由于货币的流动性是持续不断的，所以很难分出层次来。在相同和不同的时代，各国对于货币的定义都各不相同，下面让我们具体了解一下。

在中国，对于货币M0、M1、M2的定义分别如下：货币M0是指市场上流通中的现金，这一部分和大多数国家都是相同的；货币M1是包括M0并且加上企业活期存款的部分，这部分中没有加入个人的活期存款，主要是因为中国对个人活期存款是不能够通过开具支票来支付账款的；货币M2是指包括M1并且加上定期存款以及非支票性储蓄存款（主要是指个人活期存款）的部分。

在美国，对货币M1、M2、M3的定义分别如下：1980年以来，美联储多次修改货币度量的方法，最终确定了现在这种被称为货币总量的度量方法。此时美国对于货币M1的定义是包括流通现钞、活期存款以及旅行支票的货币，这部分货币的定义是由于这些资产流动性非常好，可以直接用来支付交易。直至20世纪70年代中期，只有商业银行可以给客户开设支票账户，但是不可以向账户里的存款派利息。后来随着金融创新以及经济管制的放松，其他种类的银行（储蓄和贷款机构、互惠存款银行、信用团体等）都陆续被允许给其客户开设支票账户，同时银行机构也被允许为其客户开设各种其他种类的付息活期存款账户，因此需要付息活期存款账户被定义在M1中。美国对于货币M2的定义是包括M1并且加上货币市场存款账户、货币市场非机构的共同基金以及其他流动性较强的资产（如10万美元以下的小额定期存款、储蓄存款、隔夜回购协议和隔夜存于欧洲非美国银行的美金等）。美国对于货币M3的定义是包括M2并且加上流动性相对不强的资产（如10万美元或以上的大额定期存款、货币市场机构的共同基金、中长期回购协议以及中长期存于欧洲非美国银行的美金等）。

从以上中美两国对货币的不同定义可以了解到：第一，对于是否开设支票来界定个人储蓄存款到底属于M1还是M2 标准作为依据的界限太过模糊，而在美国个人很早就可以使用支票，当然这与国家经济的发达程度有关。虽然我国不能与美国同期使用支票，在活期存款的流动上与美国相比有一定的差异，但是随着电子货币的使用，这种差异已完全不存在了。第二，美国对于M2与M3的划分是以大额定期存单为区分的标准，从流动性与变现能力的角度来说大额定期存单与定期存款稍有区别，但是大额定期存单是可以作为抵押贷款的，所以在需要变现时就好像银行的定期存款一样是不存在任何时间障碍的，同时在抵押贷款方面也是可以派生货币的。因此，仅仅用货币的流动性程度来对货币进行分层是很不明智的。

第三章
货币与通货膨胀
——你的钱为什么贬值了

货币具有自身的价值，并且一直都在变化中。通货膨胀可以令货币贬值，良性的通胀对经济是有好处的，但是恶性通胀会导致严重的经济停滞甚至瘫痪，酿成金融危机。大多数情况下，由于政府税收不足、无法发债融资、央行货币供给过度增长等，都会导致恶性通胀。因此，了解引起货币贬值的原因，有利于我们掌握应对通货膨胀的方法。

通货膨胀：钱为何会越来越不值钱

大家都知道，现在的钱越来越不值钱了。事实上，从古至今都是如此，这是一种普遍存在的正常的金融现象。这也引出了一个金融学名词：通货膨胀。

通货膨胀是指因货币的供给大于货币的实际需求，也即现实购买力大于产出供给，导致货币的贬值，从而引起的一段时间内物价持续而普遍上涨的现象。通俗地来讲就是，银行新发行的钞票太多了，导致钱越来越不值钱了。

可是，钱究竟为何越来越不值钱了，换言之，通货膨胀是因何而起的呢？人们通常认为，通货膨胀的产生有以下4个原因：

一、社会需求的带动

从社会需求的带动而导致通货膨胀的观点来说，我们认为在社会经济发展过程中，当货币的总需求超过总供给时，就会引起价格水平的不断上涨。具体地说，社会需求带动价格的上涨有两个方面的原因：一是现实的原因，二是货币的原因。

从现实的原因来看，整个社会的消费和投资都是过度的，而且财政赤字居高不下，特别是在过度投资这方面，很容易破坏货币总供给和总需求之间的平衡，从而导致价格水平的上升。

从货币的原因来看，假设货币供应过度就会使经济活动对货币的需求大大地减少，这时即使货币的供应量不再增长或增长不多，同样会导致原有的货币量过剩；相对而言，货币需求量不变时，货币供给增长过快也会造成货币的过剩。与此同时，货币供应过剩，是会拉动价格上涨的。但是，当投资增长的速度和货币总的供给增长速度相同时，价格依然可以保持不变。

二、成本驱使

从利用成本驱使而导致通货膨胀的观点来说，我们认为在经济不断向前发展的过程中生产成本的上升，必然会使货币的总供给量增长。也就是说，此时价格的上涨是由生产成本的上升引起的。

许多生产、加工型企业的产品和服务的价格制定策略是在成本的基础上加上一定的利润，这样一来，产品和服务的价格就会随着成本的升高而升高。

也许有人会产生疑问，同样的商品不是价格越低才越有利于拓展市场吗？那为什么不在产品和服务的价格上加以控制呢？事实上，任何一个企业都不愿意平白无故地提高产品和服务的价格，但是在某些特定情况下是必然会发生的，例如：

1. 员工薪水的不断上涨很可能使产品和服务的成本提高

这个具有两面性，因为在员工薪水提升的同时还要看劳动生产率有没有得到相应的提高。假设薪水提升的速度超过了劳动生产率的增长，就会使产品和服务的成本提高；相反，假设员工薪资水平提升的速度低于劳动生产率的增长，就会使产品和服务的成本有所降低。

举个例子来说，若今年全体员工的工资水平相比于去年增长了5%，而劳动生产率相比于去年增长了5%以上，这时的产品和服务成本就降低了；若劳动生产率的增长速度相比于去年达不到5%，这时的产品和服务成本就会比去年有所增加。

2. 行业垄断必然会带动产品和服务价格的提升

垄断行业在任何社会中都会存在。对于垄断行业来说，其地位决定了其产品和服务的价格会脱离成本而单独存在，因此它们常常通过提升产品和服务的价格来获取更多的垄断利润。

垄断行业通常会通过提升产品和服务的价格来获得垄断利润。如果价格的涨幅超过了成本的增长幅度，就会导致利润推动型通货膨胀的出现。当成本一定的情况下，价格和利润是成正比的关系，而利润推动型通货膨胀实际上就是成本推动型通货膨胀。

三、需求膨胀与成本推动相互之间的作用

货币总需求大于总供给时就会导致需求拉动型通货膨胀，当货币总需求一定，即不存在货币总需求拉动时也会导致通货膨胀，此时我们称之为成本推动型通货膨胀。政府为了缓解通货膨胀，在采取需求扩张措施的同时，也经常会采取成本推动和需求拉动并存的混合手段，但是这样也会导致通货膨胀。这就是所谓的供求混合型通货膨胀的观点。

四、结构型通货膨胀

结构型通货膨胀的观点认为，引发结构型通货膨胀的原因有不同部门之间货币需求结构的转换、生产率增长水平的差异、与国际市场的联系紧密程度等。例如：

1. 货币需求的结构转换引起通货膨胀

当货币总需求一定时，某个部门的货币因需求会转移到其他部门，与此同时，劳动力和其他生产要素却无法及时转移。这样一来，货币需求增加的那个部门的员工工资就会提高，从而引发产品和服务的价格上升；同时，货币需求相对减少的部门劳动力和其他生产要素又会因为没能及时转移，员工工资会得到减少，从而导致产品和服务的价格依然维持在原有水平上。总体来看，这时产品和服务的总价格水平上升了。

2. 部门生产率增长水平的差异性引起通货膨胀

通常来说，产业部门劳动生产率的增长水平要高于服务部门，但是这两大部门工资的增长速度是大体相同的，并且主要取决于产业部门的生产率增长水平。换句话说，产业部门生产率提升得越快，工资增长速度就越快，同时也会带动服务部门工资的增长速度。

虽然服务部门员工的工资增长速度与产业部门基本持平，但是生产率水平却远远要低于产业部门。

这种在产业部门和服务部门之间员工工资增长水平大体相同而劳动生产率增长速度有很大差异的局面，会导致服务部门的成本持续上升，从而引起价格水平的不断上涨，引发通货膨胀。

3. 国际间开放型部门和非开放型部门

对于某特定国来说，其国民经济可分成两大部门：开放型经济部门和非开放型经济部门。开放型经济部门是指该部门的产品与国际市场有直接的联系，例如制造业；非开放型经济部门是指其产品与国际市场也许会存在间接联系，但没有直接联系，例如建筑业。

当全球市场价格都处在上涨的过程中时，势必会影响到该特定国价格的上涨幅度。只要该国不能决定国际市场产品的价格，那么其开放型经济部门和非开放型经济部门就全部都要受到国际市场价格的影响，其中以开放型经济部门受到的影响更为直接和紧密。

具体来说，当全球货币市场的价格上涨的时候，为开放型经济部门工作的员工工资会最先得到提高，继而带动非开放型经济部门员工的工资一同提高。举例来说，假如某出口行业的国外工资水平有所上升，一定会在某种程度上拉动该行业国内工资水平的提高，进一步带动其他相关部门的工资一起上涨。

如此就会使之前所说的产业部门和服务部门之间的相似情形发生，即开放型部门和非开放型部门的员工工资增长水平基本一致，这会让非开放部门承受成本持续上升的压力，进而推动价格水平的上涨，并引发通货膨胀。

尽管引起通货膨胀的原因有很多，但归根结底是由货币供应量过多造成的；反之，货币供应量过多却并不一定会引起通货膨胀。因为伴随着生产的不断发展、商品价值的不断增加，客观来说，我们需要保证的货币量可以与之保持同步的增长。准确地说，只有排除了这部分正常货币的供应量之外的货币增加量，才能引起通货膨胀。

通货膨胀会使货币价格动荡不定。国际上一般把那些能够同其他国家货币自由兑换的、价格长期坚挺的、能够被普遍接受的、汇率比较稳定的货币称作硬通货或者硬货币，比如德国马克和瑞士法郎等；反过来，把那些信用不好、币值也不稳定的货币称作软通货或软货币。

金钱体系：本位币和辅币

我们平时所见的钱，基本上都是纸币和少量硬币。从金融学的角度来说，由于这些纸币和硬币并非足值货币，因此它们并不能算是真正的钱，只是一种标明其本身面值的符号而已。

因此，我们有必要引入本位币和辅币的概念。本位币也可以叫作主币，是指按国家法定的货币单位铸造、国内唯一一种合法的标准货币。本位币是一个国家最为基本的流通货币，例如中国的本位币就是人民币单位“元”。

当实行金属本位制的货币制度时，本位币所标注的面值就是其实际价值，也就是通常所说的足值货币。因此，这个时期的本位币可以自由地铸造和熔化，因为不管是铸造还是熔化，它的重量并不会减少。

然而，一旦本位币在流通中有所磨损，而且这种磨损超过重量公差，即法律所允许的细微差别，就不能继续在流通领域使用。因为此时金属货币的重量不足，对方不一定会承认这个金属货币与其面值等值；并且，假设你把它们重新熔化、铸造，又会发生实际的损失，使得重量不够，你会更加不合算。鉴于此，政府规定可以将这类本位币带到指定的部门兑换成新币。这和现在流通使用的纸币很类似，污染较严重的纸币也不可以进入流通领域。当你将这种污损严重的纸币付给对方，对方很有可能会以某个借口而拒不接受，但此时你可以把它拿到商业银行去换相同面额的货币继续流通。

随着社会的发展，在金属本位制被废除以后，中央银行所发行的纸币被称为本位币。尽管在流通中它并不能完全兑换等值的黄金，但它却代表着标准、基本的流通货币。举例来说，我国的人民币并没有法定的含金量，无法自由兑换成黄金，也不和任何一种外国的货币确定固定的汇率。

谈完本位币我们再来看辅币。这里的辅币是指一国基本流通货币的辅助货币，其主要用途就是辅助大面额的货币流通，用于较少交易和找零。中国的辅币是人民币单位“角”和“分”。

由于辅币本来就不是足值的货币，通常是采用贱金属铸造的，因而其名义价值要高于金属本位制货币制度下的实际价值。

辅币的最大特点是具有有限的法偿能力，任何人都不能随意铸造辅币，这项工作必须由政府来做。

我们知道，本位币有无限法偿的能力，而辅币具有的只是有限的法偿能力，那么无限法偿能力和有限法偿能力又是什么呢?

无限法偿能力与有限法偿能力都是存在于货币制度中的概念。当一国政府制定了自己的货币制度后就一定要保证该货币可以在国内的经济生活里畅通无阻，而要做到这一点，就必须规定本国货币的本位币和辅币具备什么样的支付能力和流通能力，进而体现出一个国家政府的信用能力。

无限法偿能力也可以称为无限法偿或无限偿付，是指货币所具有的无限法定支付能力。而本位币的最大特点就是无限法偿能力，不管本位币用途如何、金额大小，收款人都不可以拒绝接受。

但在某些特定的情况下，本位币的无限法偿能力也是“相对”的。比如，全球很多国家为了防止某些传染病的进一步传播，会把传染区隔离出去，使用另一种专用的货币。随着医疗的进步，很多过去视为不治之症的传染病现在已经可以彻底根治，那些专门发行的货币多成了钱币爱好者们的收藏珍品。

所谓有限法偿能力也叫有限法偿或有限偿付，它是指货币本身所具备的有限法定支付能力。若这种货币的支付数量超过了一定的数额，收款人就有权不接受。通常来说，这种有限法偿能力是专门针对辅币的，由于不同国家辅币的支付能力不同，因此有些国家的辅币是有限法偿，而有些却是无限法偿的。

英国的法律规定英格兰银行所发行的硬币拥有有限法偿的能力，像5便士和10便士的硬币至多只可以偿还5镑以内的债务，50便士的则最多只可以偿还10镑以内的债务。交易时偿还的债务数额若超过了上述规定，对方就有理由拒绝接受。

我国的情况与英国不同，人民币的元、角、分都拥有无限法偿的能力。人民币是“中国人民银行币”的简称，它的基本单位是元，1元是10角，1角是10分，也就是1元=10角=100分。现在市场上所流通的主要是第五套人民币，面值包括100元、50元、20元、10元、5元和1元，已经没有角和分。第四套中的2元、5角、2角和1角也已经不常流通了，只是还未宣布停止使用，因此还与有限法偿和无限法偿的概念有关。而前三套人民币纸币早已退出了流通的舞台。

无限法偿和有限法偿在金属本位制的货币制度下更具实际意义。因为从本质上来说，这些辅币属于不足值的货币，而本位币属于足值货币，经常使用不足值货币势必对收入方产生不利的影响。

然而处在纸币本位制的货币制度下时，由于纸币本身并不具有价值，而且纸币的发行权完全是由中央银行控制的，本位币及辅币的名义价值都要比实际价值高，所以此时区分无限法偿能力和有限法偿能力的意义已经不太大，因为它们所代表的都是国家信用。

我们在国外的本位币或辅币上，常常会看见有“$”的符号，很多人认为它代表着美元，其实不然。因为很多国家都选择它作为本国货币简写的符号，例如美元是US$，新加坡元是S$，等等。

追溯历史，在16世纪初，西班牙就铸造了一种非常大的银币，叫作“比索”，他们将西方传说中的大力士赫居里斯的2根柱子作为这种银币上面的图案。1732年时，墨西哥铸造的银元上采用了左右两边各1个新式柱子的图案，形状极像“$$”，后来很多国家直接用其中的一个$作为简化的符号代表银元了。

国家要印多少钞票才合适

大家都知道钞票印刷发行得越多，会导致钱越来越不值钱。那么政府印这么多钞票的目的是什么，依据是什么？由这个问题就引出了有关货币发行的概念。

今天我们所称的钱或者钞票，在金融学上称之为货币。货币并不是一开始就有的，它是在商品经济发展到一定的阶段才出现的。

从人类历史的发展来看，货币的形式历经了实物货币、金属货币、代用货币、信用货币和电子货币五个发展阶段。

出现金属货币之前通用的是物物交换，也就是实物货币。

例如，你的家乡种的是苹果，由于气候原因不能种植热带水果，但是又想丰富一下水果的种类；对方专种某种热带水果，却没有苹果，于是你就想用你的苹果去换人家的热带水果。

如此一来，虽然没有货币作为交换媒介，但将苹果和某种热带水果直接进行物物交换就有了可行性和现实需求。假如双方商定用50公斤苹果换40公斤该种热带水果，那直接交换就可以了。

这种方式有优点，也有缺点。优点是不会出现让人防不胜防的假币——这种热带水果究竟是不是你想要的品种、它的质量如何，这些苹果有没有成熟、有没有坏的，一眼就可以看出来。但其缺点也是很明显的，那就是非常麻烦。例如，双方虽然约定50公斤苹果换40公斤热带水果，可是假设对方只有30公斤热带水果该怎么办呢？所以，这种物物交换方式只适用于生产力发展水平很低、富余农副产品很少的情况下。

随着生产力水平的不断提高，富余农副产品的数量不断增多、商品交换的次数不断增加，上述麻烦就显得越来越突出，于是出现了一种能在商品交换中充当固定媒介的特殊商品——货币，不论是谁，只要拥有了这种货币，就能用它来购买自己需要的商品；与此同时，任何人都可以通过出售商品来换取这种货币。

随着货币的出现，直接的物物交换就逐步地被间接交换所替代。例如，原本需要一方运50公斤苹果，另一方搬运40公斤热带水果，按照双方提前定好的时间和地点进行物品的交换；现在完全不用这么麻烦，双方只需拿着相应价值的货币就可以去换取对方的50公斤苹果或40公斤热带水果。更方便之处在于，假设你家里原本只剩30公斤苹果，无法换取另一方的40公斤热带水果，就可以通过向别人借20公斤苹果的方法，买下他的40公斤热带水果。当第二年自己有了多余的粮食之后，再把20公斤苹果还给别人就行了。当然，这时候可能要付出一定的利息，但也是合情合理的。

在人类发展的历史上，布匹、贝壳、石头和食盐等都曾充当过此类货币商品。

这些东西之所以可以充当货币商品，是因为这类货币本就属于商品，不仅可以拿来充当交换的媒介，也可以直接在消费中使用。

但是，随着时代的发展，人们逐渐发现使用金银做货币更为合适。因为同上述货币商品相比，金银有体积更小、价值更大、质地更均匀，并且不易腐烂，便于携带、保管和分割等优点。于是，货币的历史重任就慢慢地被金银所取代。

至此，货币的形式由实物货币发展到了金属货币的阶段，这也是世界各地通行的做法。至今，很多国家的政府依然把一些贵金属如黄金、白银等作为制作主币的材料，同时确定其为唯一法定的流通手段，并把铜、镍等贱金属作为辅币的选用材料。

金属货币最初流通时采用的是块状的形式，因此每次在交易的时候都要称分量、鉴定成色，按交易数额将其进行分割。因为这些过程实在是太麻烦了，因而为了方便交易，一些交易量很大、信誉也好的商人就在上面打上属于自己的标记，用自己的信誉来担保这些金属货币的分量和成色。

随着社会的发展，商品交换范围进一步扩大，人们开始需要更加权威的机构来为他们进行担保，毋庸置疑，这之中最权威的机构当属一个国家的政府了。因此就出现了以政府名义铸造的金属货币，也就出现了中央银行的雏形。

随着社会的进步，人们发现金属货币的铸造费用很高，而且很容易磨损，特别是在大宗商品交易的时候，金属货币的分量重、运输极其困难而且途中不安全，于是能够取而代之的纸币和银行券应运而生。

毫无疑问，以纸币或者银行券形式出现的代用货币，必须要以等价金属货币作保证。只有如此，持有纸币的人才可以随时随地地用它们兑换到等价的金属货币。

纸币刚刚发行的时候是由各个商业银行以自身的信用担保发行的，但是自从中央银行出现后，因为它的背后是政府，更具有信用保证，所以纸币的发行权力就收归于中央银行，并成为它的基本职能之一。

实际上，除了中央银行自己，谁也不知道它发行的货币到底有没有等价的金属货币作为保证。因此，不论是纸币、硬币这些货币票据，还是支票、银行存单这类银行券的发行，其实都是用一国政府或者中央银行的信用来作为保证的。

第一次世界大战结束之后，世界各国逐渐停止金属货币的流通，也取消了银行券的自由兑换。尤其是20世纪30年代爆发了一场全球性的金融经济危机后，各个主要工业国更是迫于压力放弃了金银本位制。从那时开始，票据与银行券及金属货币之间不再有从前的对应关系，而完全表现成“纸”币，单纯凭借政府的信用进行强制流通，充分地表现为一种信用货币。

显而易见，这种纸币的实际价值必然要低于货币的价值，同时这种纸币也不能直接兑换金属货币。这就是目前各国广泛采用的货币形态。

随着社会的迅速发展，我们走进了以电脑为主宰的网络时代，原来交易的时候需要通过纸币、辅币、存单来收付，现在只需要通过电脑转账就能实现收付的电子货币出现了，时代进入了以各种金融交易卡、电子钱包为代表的电子货币阶段。

当社会步入了信用货币阶段之后，钱是不是“值钱”就主要取决于政府的信用了。

举例来说，按照货币的流通规律，在商品流通过程中我们究竟需要多少金属货币量，主要取决于下面几个因素：（1）即将流通商品的数量。即将要步入流通领域的商品数量越多，相应的货币供应量就越大。一般二者的比例应该保持在1：8，也就是流通中较为合适的货币供应量应该占到社会商品总零售额的1/8。（2）当期发生的商品赊销量。商品发生的代销、预付和货款赊欠的数量越大，货币供应量就越小。（3）当期要支付的赊销量。当期到期的要支付的代销、预付、货款的数量越大，货币供应量则越大。（4）当期发生的商品抵消支付的总额。商品抵消支付的总额越大，货币供应量越小。（5）商品价格的高低。商品的价格越高，货币供应量越大。（6）货币的流通速度。货币在一定时期内的流通速度越快、周转的次数越多，货币供应量越小。

前面已经提到，在第一次世界大战之后各国就已经停止了对金属货币的流通，而改为发行纸币。以纸币的流通规律为依据，纸币的发行量应该将商品流通过程中所要用的金属货币量作为基础。10元钱面值纸币的名义价值才可以和它代表的10元钱的金属货币价值相同。如果纸币发行量超过金属货币量，就会造成货币（纸币）贬值。

比如说某国在某一时期内所需要的金属货币量是5000亿元，那么此时它发行的纸币供应量就应当是5000亿元。若是政府实际发行了10000亿元的纸币，那此时与1元钱纸币相对应的金属货币量就只有0.5元，说明货币有了50%的贬值。

就某一特定的国家而言，政府为了转嫁经济负担，会通过大量地发行纸币来促使货币的贬值、物价的上涨而达到目的。事实上也确实有很多国家的政府在发生财政赤字之后，为了弥补赤字而直接通过向中央银行贷款和发行公债来实现。但是无论以何种方式，都会促使中央银行的货币发行增加，从而导致货币供应量超过流通中的货币需求量，进而引发通货膨胀。

对于世界货币来说，可以通过对美元、欧元、日元等纸币的少量增发使货币贬值，进而在全球范围内聚集财富，把世界各国的财富慢慢地聚集到其国内来。

如果对这种做法不加以限制，就会导致其政府的信用降低、货币制度崩溃，而这些在中国和世界各国的历史上不是没有先例。

例如，国民党政府在统治的最后一段时期，为了维持住手中的权力，在1948年8月23日强制发行金圆券以代替法币。开始的时候发行了总额20亿元，面额只有1元、5元、10元、50元、100元这5种；等到1949年6月的时候发行总额达到了130多万亿元，发行面额变成1万元、5万元、10万元、50万元、100万元5种，第6种500万元的面值还没有来得及发行。

在短短的10个月内，黄金的价格暴涨到原来的4.5亿倍，银元的价格也涨了约5亿倍，物价更是如脱缰的野马，这也注定了这种金圆券不可能长久地流通下去。果然，面世仅10个月，其在1949年6月22日就完全退出了历史的舞台。

通货膨胀：金融系统中不可承受之重

通货膨胀的概念我们之前已经说过，在此就不赘述了。下面我们来介绍一下通货膨胀的类型。通货膨胀的类型有很多，并且不同类型的通货膨胀对我们的生活和社会经济的影响也不尽相同。

温和的通货膨胀能够使通货膨胀率基本稳定在每年2%～3%，最多不多于5%。通常来说，要是每年的物价上涨率都维持在2.5%以下，就不可以认为发生了通货膨胀。当物价的上涨率达到2.5%的时候，称作不知不觉的通货膨胀。

部分经济学家认为，在社会经济发展的过程中，温和的通货膨胀可以促进经济的增长。因为适当地提高物价可以促使厂家收获更多的利润，从而刺激厂家投资的积极性；与此同时，温和的通货膨胀不会引起社会产生太大的动荡，它就像润滑油一样促进了经济的发展，因此又称作“润滑油政策”。

相比于温和的通货膨胀，快速的通货膨胀则是种极不稳定的、加速的、快速恶化的通货膨胀。当这类通货膨胀发生时，通货膨胀率一般会高达两位数以上，让人们对货币失去信心，使经济社会产生动荡，因此这是一种较为危险的通货膨胀。

还有恶性的通货膨胀，又称为极度的通货膨胀或者超速的通货膨胀。

这一种通货膨胀一旦发生了，通货膨胀率会高达三位数以上，并且完全不受控制，它的结果就是导致社会物价持续迅速地上涨，货币大幅度的贬值，人们对货币彻底地失去信心。整个社会的金融体系进入一片混乱之中，以往正常的社会经济关系会遭到破坏，更有甚者会导致社会完全崩溃，政府垮台。

这种通货膨胀通常发生在战争或社会大动乱之后，但在经济发展史上是很少见的。例如德国在1923年，也就是第一次世界大战刚刚结束的时候，一个月内物价上涨了2500%，一个马克的价值跌到战前价值的一万亿分之一。

隐蔽的通货膨胀又可以称作抑制型的（受抑制的）通货膨胀，是指尽管社会经济中有通货膨胀的压力或者潜在的价格上升危机，但是由于政府实施了一系列较为严格的价格管制政策，通货膨胀并未真正地发生。然而，一旦政府取消或放松了价格管制政策，经济社会很快就会发生通货膨胀，因此这种通货膨胀并非不存在，只是相对其他几种更为隐蔽而已。

因此，判断通货膨胀最常用的方法是用价格指数增长率去计算通货膨胀率，这也是间接来表示货币贬值程度的方法。在众多种经常使用的价格指数中，跟我们老百姓生活距离最近的就是消费者物价指数（CPI）。

消费者物价指数也可以叫作居民消费者物价指数，主要是用于测量每个时期城市中家庭和个人所消费的商品和劳务价格的平均变化程度。除此之外，和消费者物价指数非常相近的价格指数叫生活费用指数（CLI），它主要反映的是不同时期生活消费变动的情况。二者之间的区别主要有以下两点：

首先，生活费用指数包含所有应纳税的项目，而消费者物价指数则不包括。其次，生活费用指数仅仅包括生活必需品一类，而且还要事先确定好它们代表的商品和它们各自的权数。

现在我国所编制的生活费用指数是在消费者物价指数中抽取85个基本类、200多个不同规格的消费品，对它们的价格变动进行汇总和统计。所抽取的消费品全都是居民们生活所必需的商品，包括蔬菜、水电气、肉禽蛋、油米面和教育、医疗的服务价格等，但是不包括一般性消费品如建筑材料、住房和汽车等，也不包括大宗消费品或奢侈品。

如何去应对来势汹汹的通货膨胀呢？即使对于一个金融学家来说，这也是个相当复杂的问题，因为它们既要挤压经济中产生的泡沫，又不可以让经济滞留或使居民生活水平下降。从宏观方面来说，抑制通货膨胀的发生主要靠政府的宏观调控，实施相关的经济政策和措施，实行紧缩性货币政策，比如上调存贷款的利率、提高金融机构的存款准备金率、出台限价调控令和严令禁止哄抬商品价格等等。从我们自身来说，假设通货膨胀发生了，也可以采取一些相应的措施来应对。首先，要努力地工作，多挣钱少开支，减轻未来通货膨胀时可能带来的压力。其次，根据个人具体的情况，学着投资理财，以抵消通货膨胀对财产的侵蚀，但在选择具体投资理财工具的时候也要考虑到通货膨胀的程度，具体情况具体分析。

第四章
虚拟货币
——货币的又一种演化

虚拟货币是电子商务的产物，它在网络中的功能与现实中的货币相似，并且已与现实世界产生了紧密联系，正在逐渐实现一些现实货币的功能。现今，虚拟货币种类纷繁，包括游戏币，各大网站的专用货币，还有互联网上的虚拟货币，如比特币和莱特货币等。在虚拟货币日益发展的同时，亟需相关法律监管。虚拟货币最终真的会取代现实货币成为未来交易的媒介吗？

虚拟货币横空出世

说起虚拟货币，有些人会很熟悉，但也有很多人对其概念并不清楚，他们会认为新浪u币、网易POPO币和盛大元宝都属于虚拟货币的一分子，甚至有人认为这些所谓的虚拟货币会影响到人民币的地位，产生虚拟通货膨胀等不良影响。

首先，我们来了解一下虚拟货币在经济学中的两种含义。

第一种虚拟货币的原型是由某国主要贸易伙伴币种间进行权重组合构成的，是为了保持该国汇率稳定而虚拟出的一种不存在的货币。

例如，日本将日元的汇率从盯住美元这一单一货币变为盯住“一篮子货币”的情况，这里所说的“一篮子货币”就是一种虚拟货币。

第二种虚拟货币也就是指电子货币。

从某种角度来说，电子货币也是纸币的电子化，它必须由依法设立的金融机构来发行，用自己库存的现金作为担保，受到社会及其他金融机构的普遍认可，逐渐成为一种普遍接受的支付媒介。电子货币可以说是信息革命的产物，它的产生和流通使得实体货币和观念货币相分离，使真实货币演变成为虚拟货币。电子货币一般是在专用网络上传输，通过ATM或POS进行处理。

当发现国内小额电子支付困难重重时，很多网游运营商开始使用网币来收取费用，尽管它的渠道成本并不低。开始的时候只允许人民币单向兑换网币，随着网游产业的迅速发展，人们开始自发地进行各种网币之间的兑换，使得网币有了类似货币的购买力，能够购买只有人民币才可以买到的产品或服务，也使得虚拟货币和真实货币之间的界限不再清晰。

网络游戏中的虚拟物品，例如虚拟金币、虚拟动植物和虚拟人对玩家产生了巨大的吸引力，同时推动了为获得这些虚拟物品所进行的消费，但出于对国内电子支付手段的落后和安全方面的顾虑，多数玩家会选择通过预付现金购买营运商发行的虚拟货币，继而用代金券在线购买所需的虚拟物品。只要保证游戏内容非常吸引人，玩家就会通过各种渠道来购买该游戏运营商所发行的虚拟货币。可以说，网游业的发达带动了虚拟货币种类和发行量的快速增长。

为了获得高人气，增加游戏用户的数量，提高玩家的忠实度，每个游戏运营商都会提供很多的免费虚拟货币，并且玩家还可以通过游戏来赢取虚拟货币，因此网游运营商拥有虚拟货币的无限发行权。假设所有的虚拟货币仅仅用于购买虚拟物品，而虚拟物品的供应量是由供应商设定的，制造时间也几乎可以忽略，即使在不同种类的虚拟货币之间进行交易，也不会对现实经济产生什么影响。可是，假如可以用虚拟货币来购买现实的商品和服务，那么它的过量发行势必会引起虚拟通货膨胀。这时，虚拟货币是否转换成真实的货币并不重要。

国内很多网络虚拟企业都已经突破了虚、实经济间的界限，如网易POPO、盛大点币和Q币等，它们已经不只可以购买虚拟产品，还可以支付手机短信、购买本公司的付费服务，甚至可以在商城中作为代金券使用。

货币是为了方便人们交换不同种类的资源而产生的数量单位。当有足够多的人认可某种虚拟货币的价值时，它就可能变成物质交换的替代单位。曾经有个著名的经济学家借以物易物说明货币的起源：在阿比西尼亚，盐是商业和交易的普遍媒介；在印度海岸用一种贝壳；纽芬兰用干鳕鱼……几百年后的今天，我们可能会发现，当越来越多的人用各种游戏币换取现实生活所需时，货币的起源在网络世界中被重新演绎。

虚拟货币也是一种财富

将网币销售的收入当作主要收入来源的游戏公司每年都有几亿元的财富入账，这是在目前上网人数仅占 3 %、玩网游的仅占到0. 6 %的中国做到的。这之中，最有市场的当属网游虚拟装备交易以及影视壁纸、数字音乐、电子书籍下载等市场。举例来说，曾经有一个网络精英跟一个比他差了十多岁的小女孩做了一笔交易，用人民币从她那儿买走了一个“魔兽世界”中60多级的账号，原因只是因为他一直没有时间练级，又觉得25级的他在高手林立的“魔兽世界”中特别没有面子。据他估计，至少有200万人和他一样为了虚荣心或者得到更多的快乐而想去购买虚拟物品。

就为了这个200多万人的第二级市场，他在品种繁多的投资计划中选择了网游虚拟物品交易这个新兴领域，参照美国虚拟交易龙头企业IGE的经营模式，创建了一个B2C模式的虚拟物品交易平台。

据他回忆，在韩国考察时看到韩国80%的人上网，60%的人玩网游，他整个人都好像傻掉了。而对比中国当年的数据，更加让他觉得网络虚拟物品交易平台在中国有着巨大的市场和不可估量的发展前景。他看对了，也选对了，并且也在这一领域取得了巨大的成功。他，就是陈年，“我有网”的创始人，也是凡客诚品的创始人。

交易商在虚拟货币的市场中起着稳定虚拟经济市场的作用。他们用手中持有的现实货币来交换虚拟物品，以这种方式来维持虚拟经济的稳定。如此一来，玩家的劳动时间就成为了衡量虚拟货币价值的唯一标准。因此，假设我们承认虚拟货币存在着真实价值，那么玩家坐在电脑前玩游戏也就相当于在为国家贡献GDP。虚拟货币作为一种刚刚开始出现的经济现象，在以后很长的一段时间内会成为经济学家所要研究的新命题。

虚拟物品交易也可以被称为“网游第二市场”，就是在线收购和销售玩家们在游戏中所要使用的虚拟货币和装备。简言之，其运营模式就是用现金以低价买进虚拟物品，再以高价卖出来获取差价所产生的利润。调查发现，截至目前共有46万网游用户经常性地进行虚拟物品交易。国内拥有3000万的网游爱好者，二级市场的容量至少可以达到195万～300万人。假设按人均游戏消费400元估计，那么市场容量至少可以达到8亿～12亿元。

根据2008年有关中国电脑游戏产业报告的数据，2008年在中国大陆正式运营或公测的网络游戏总计428款。在这428款产品中，收费游戏占到了179款，而2008年度中国网络游戏产业市场总额是180.7亿元。这表明，每年上百亿元的国内互联网虚拟货币市场已初具规模，并且这个市场正在以每年30%以上的速度迅速增长着。

发展到现在，究竟哪种虚拟货币最先出现，它又是何时出现的已经无从考证，但虚拟货币的组成越来越丰富却是不争的事实。盛大、腾讯、九城、联众、红袖、潇湘及门户网站新浪和搜狐等互联网巨头都推出了各种名称的虚拟货币。

而那些被用来购买服务的虚拟货币，产生的来源是网上消费的普及，是网络经济发展到一定阶段后才有的产物。虚拟货币的主要用途是购买虚拟产品及相应的服务，由于这些产品或服务大多数额较小，不方便用实际货币或电子货币来支付，因此产生了虚拟货币，也解决了支付手段上的问题。

尽管并没有出现虚拟货币规模的权威统计数据，也不能确定付费用户用虚拟货币购买相关产品或服务的支付比例，但我们依然可以通过目前网游市场的规模来大致估计虚拟货币市场的规模。

目前虚拟货币的种类多得让人眼花缭乱，这种网上代用支付手段让我们不由得想起已经退出人们视线很久的粮票和肉票等票证。二者的确有很多相似之处，例如都可以被当作货币的辅助物来交换服务和商品，在特殊的情况下甚至可以直接换成现金，还产生了一些以此为职业的人。当中国网民的数量日益增加，网上代用币的使用范围越来越广，人们逐渐开始注意到这些代用币究竟是不是虚拟货币、是否会冲击真实货币的地位。这个问题目前还处在激烈的争论中，一时难以产生定论。但我们必须承认，网络代用币确实发挥了部分交换功能。

作为互联网时代的一个新生事物，网络虚拟货币引起了越来越多人的关注本是情理之中。但有舆论担心，它在网络虚拟世界的这种盛行很可能冲击到现实中的货币体系。对此我们应该看到，网络虚拟货币所拥有的单向流通的特性决定了它不可能成为一般等价物，我们无须担心它在未来会对现实的货币体系产生巨大的冲击。

虚拟货币会成为通货吗

舒适的住房、高档的服装和高级的轿车并不只有现实生活中的人需要，游戏世界中的玩家同样的需要。那些理解不了为何虚拟物品能进行交易，那些还没有意识到我国虚拟物品交易市场已经成型的人们心中的误区就在于，他们总觉得游戏就是游戏，和现实毫无关系，其实不然。对于中国近3000万的网络游戏玩家来说，虚拟的游戏实际上已经成为他们的生活，他们享受着在游戏中用自己的大脑和手指来扮演一个创造者的角色，他们搭建了这个虚拟世界，也需要从中索取。于是就有了买卖，而我们通常所说的虚拟物品的交换就是网民用自己拥有的虚拟物品去交换其他的虚拟物品。

下面我们将会介绍有关虚拟物品交易的一系列实际问题。

一、中国虚拟物品的交易历程

早期与游戏相关的交易产生于闭塞的游戏点卡销售渠道，很多中小城市的玩家因为买不到点卡，没办法将游戏继续下去，只好通过在游戏中购买别的城市玩家的点卡来为自己的账号补充游戏点值，久而久之游戏中就形成了这样一条买卖通道，这条通道之后也服务于其他虚拟物品的交易。今天，尽管网上各种支付手段已经基本成型，但游戏中销售点卡的情况依然很常见，这除了是因为很多地方玩家支付仍然不畅之外，还有一个很重要的原因就在于，许多玩家学会了以网养网、以玩带玩的方法，他们发现可以通过一个比价将游戏中的货币兑换成人民币，因此在游戏中尽可能多地赚取游戏币，再用赚到的游戏币去买点卡，达到了无须支付人民币就能继续游戏的目的，更有甚者会直接售出游戏币，从而换取真实的人民币。

经过了一段时间的发展，中期的虚拟物品交易变成了包括点卡销售的大量物品销售，主要有游戏里的装备、物品甚至游戏中的人物等。除此之外，用游戏币来兑换人民币的方法也越来越多，不仅有以往的“钱”钱交易，还衍生出代练等级和代刷装备等很多方式。

时至今日，我们可以在网上找到许许多多从事虚拟物品相关“业务”的公司，他们中的大多数都是某个网吧的老板或某个游戏行会的领导者。他们是真实存在的，又相对很隐蔽。他们不会像真正的公司那样建立起长期而稳定的发展计划，很多都是打一枪就换一个地方。今天“仙剑”人气很旺，就在“仙剑”里挣钱，明天“穿越火线”火了，又靠着“穿越火线”获取利润。诸如此类的个人和小组越来越多。比如曾经有个玩家打游戏打下了一把倚天剑（游戏中相当极品的武器），网吧里玩同样游戏的人开始争着购买这把极品武器，最高价甚至出到了3000元，此人发现其中有巨大的利润，此后便醉心在热门游戏里打宝挣钱了。

二、中国虚拟物品交易的现状和未来

由于从事虚拟物品交易的个人、团体甚至所谓的公司组织散漫、管理混乱，因而整个市场的大环境中缺乏诚信。当然这里还有更为重要的一点就在于，这种在虚拟环境中进行的交易给诈骗带来了很大的契机。例如2004年，安徽的警方破获了一起以出卖传奇装备为名进行网络诈骗的案件，涉案的是平均年龄19岁的18个年轻人，他们以先钱后货的方式进行虚拟交易，在短短几个月里骗了50多万元，当受害人把钱汇到账户以后，他们要么不接电话，要么关机。

其实像这样的诈骗案几乎每天都在发生。之所以会产生这样的情况，一个很重要的原因就是在虚拟空间中进行交易的不透明性。人们在进行交易的时候，购买方常常只能被动地选择相信售出方，而非主动去获得可信或不可信的信息。当然也会有些比较谨慎的玩家选择面对面交易的方法，但是面对面交易也并非一种好的交易方法。首先是进行交易会有困难，同一个游戏中的玩家大多来自五湖四海，没有人可以保证你所需要的玩家刚好就在你身边。此外，面对面交易对人身安全也有着潜在威胁，之前也曾发生过很多玩家面对面交易时被胁持或强迫交易的案例。因此，很多专家开始呼吁虚拟政府和虚拟社区应加强对此领域的监管力度。我们认为，虚拟政府及虚拟社区在管理虚拟交易的时候，侧重点应该放在对虚拟财产的认可方面，同时还必须明确虚拟物品交易的合法性。并且对于交易中具体的市场，相信它本身在往后的一段时间里还可以进行自主调节，比如最近就有很多提供可靠服务的第三方虚拟企业进入到这一领域中。从它们身上我们可以看出，现在有很多虚拟企业都专注于发展这个领域，并且在及时推出具有银行级别的安全交易服务的同时，还将交易模式由传统的手动交易变为自动交易，大幅度地提高了交易的便捷性。

另外，还要注意的是，现在有些游戏虚拟企业自己也开始重视虚拟物品交易对于本身赢利的必要性。例如2005年末盛大公司突然宣布其部分很受欢迎的网络游戏会推出免费服务，很多人纳闷这个游戏界巨子开始将经营方式转向以虚拟物品交易为主。其实，盛大做出这种调整的初衷是为了延长经典游戏的寿命，但这种转变让我们明确了虚拟物品的交易不但有利可图，也已经纳入了各虚拟企业的经营日程之中。实际上，早在盛大之前就已经有了很多游戏的免费运营，例如《巨商》《天骄》及《热血江湖》等，这些免费游戏的在线用户数量可以达到几十万。它们没能从点卡销售中获利，却在虚拟装备的交易中获得了巨大的收入。而其他一些并非免费游戏也很早开始了虚拟物品交易的商业化运作，只是每家企业所采用的手法不同而已。例如将虚拟物品同现实中的商品结合起来，一方面可以帮助游戏汇聚人气，另一方面还可以通过某些虚拟物品的抽奖活动实现“无本万利”的目的。

由此可以看出，进行虚拟物品交易的需求已经达到了一种空前的膨胀阶段，同时市场对虚拟物品交易服务的需求也在日益增加。行业中有很多厂商开始主动开发这方面的业务，还有些厂商正在思考怎样才能更好地满足玩家多种多样的需求。伴随这一行业发展得日益成熟，行业分工也会越来越细致，对于所提供的服务要求也会更高。

三、提供第三方服务的必要性

说到这儿，很多人也许会有这样一个疑问：既然开发游戏的虚拟企业已经开始管理其拥有的游戏虚拟物品，并且也找到了实际可行的方法，那么为什么还需要第三方提供服务呢？

实际上，提供服务的第三方虚拟企业是整个产业链中必不可少的一个环节。倘若我们将虚拟物品加以分类，就可以发现在虚拟世界中，虚拟物品的范围是：（1）虚拟角色：虚拟人或ID账号；（2）虚拟动植物：宠物、盆景等；（3）虚拟金币：货币；（4）虚拟装备：武器、装甲、药剂等，也就是“item”。

我们还可以把它们分成两大类，一类是游戏内消耗品（如金币、药剂等），另一类则是非游戏内消耗品（如装备、账号等）。游戏厂商自己能够解决的范畴一般仅限于第一类游戏内消耗品，而对于第二大类就无法进行有效的管理了。懂游戏的人都清楚，一款游戏魅力的大小很大一部分取决于游戏内部的平衡性如何，因此凡是正常的游戏运营商都不允许员工参与道具的交易。而懂市场的人也应该知道，物以稀为贵，如果一件商品充斥于街头巷尾，那它的价值一定会大打折扣。在之前提到的虚拟物品交易时容易出现的问题，大多数发生在第二大类。这就需要第三方服务型的虚拟企业介入，做出信誉和品牌，对线上进行的虚拟物品交易进行合理的管理，从而保证买卖双方的利益都不会受到侵犯。

四、第三方提供服务时必须解决的问题

现在网上已经出现了很多类似游戏交易的网站，他们的主要工作就是从A处拿到装备，再从B处拿到钱，从中抽取一定比例作为服务费用，然后把装备和钱转交给交易的对方。这种类似于中间商的服务方法，看似为交易双方搭建起了一个可靠的交易平台，其实不然，作为一个合格的第三

方虚拟企业还要具备更多的服务意识。

这是由于第三方虚拟企业并非整个行业中的上线，无法提供较为具体的产品，也不是可以在购买之后囤积大量商品的下线，因此，它们所有的价值都存在于服务之中。就现在的市场情况看来，想要成为一个优秀的虚拟交易提供商，首先应当解决下列几个问题。

1. 能够保证交易最终的成功

因为虚拟物品的交易基本都是在网上进行，因此极有可能在交易的最后阶段因一方的“毁约”而导致交易最终无法完成。鉴于此，第三方的服务可以借鉴某些银行的一些方法，使虚拟物品和钱在一段时期内处于“冻结期”。

2. 多种支付手段

由于第三方是服务机构而非游戏运营商，因此不一定非要提供类似游戏中虚拟货币等的交易媒介，他们应尽可能给玩家提供多样的支付手段，避免由于无法支付而使服务效率有所降低。

3. 加强对供货方的管理

服务方的注意力不应只集中在解决货源的问题上，同时还必须加强对供货方的管理，坚决避免诈骗行为的出现。服务方应据实记录买卖双方的交易信息，并评价出相应的安全等级。

4. 货源充足且了解游戏社区

货源是虚拟游戏交易中的核心部分。由于有诸多游戏同时在运行，而玩家们又分散于不同的服务器里，因此能够找到一件可以和自己交易的装备对玩家而言并不是一件容易的事，这就要求第三方提供的服务首先要吸引到尽量多的销售方，并且能让有购买需求的玩家最快地找到自己需要的商品。

五、虚拟交换的必不可少性

游戏行业对于虚拟物品交易的重视程度越来越高，各大游戏厂商在自己产品的道具上可谓做足了功夫；一些管理机构（虚拟政府或者虚拟社区）对虚拟物品的交易规范越来越重视；业内第三方服务提供商也开始将这类服务看作经营的重心，很多虚拟企业已经构建了类似的服务平台，并且一直在追求着更安全更完美的服务。例如某公司高层就曾表示："我们所采用的都是最先进、最安全的技术，我们的银行接口及收支方式都是由世界级的开发商如Intel和Thought Works支持的，他们有着许多先进的金融系统开发经验。因而，我们公司所使用的这套平台系统，在国内的同类产品中可以说是最安全、最快捷和最先进的。另外，我们是非常专业的虚拟财产交易平台，突破了现在手工交易效率低、依赖于人工、操作失误率高的困难，采用的是金融事务处理技术和高强度的安全措施，切实地保证了交易的完整性和自动化，而且真正地把'一手交钱、一手交货'这句口号在虚拟财产交易中加以落实。"

虚拟物品的交易也可以被称作"网游的第二市场"，也就是在线收购以及售卖玩家在游戏中得到的虚拟货币与装备。概括地说，它具有的是一种用现金把虚拟物品低买高卖以赚取差价利润的业务模式。有数据表明，现在约有46万的网游用户经常性地进行虚拟物品的交易。单是国内就有3000多万的网游爱好者，而我们的二级市场至少有195万~300万人的容量。如果按人均游戏消费额300元计算，那么市场的实际容量最少应该是6亿~9亿元。

有人曾经尝试着每天都坐在电脑前面，用低价买下自己认为有市场的虚拟财产，再寻找机会以高价卖出。据保守估算，其年收入甚至可以超过该国的中学老师、博物馆员和消防队员的平均收入。以美国目前最大的网游虚拟物品交易商IGE公司为例，它每个月的销售额可以达到一两千万美元之多，毛利率也可以达到20%~50%，可见进行虚拟物品交易的利润空间非常大。

在可能有上百万人参加的网络游戏里，几乎时时都在进行着的生产和交换也凝聚了无差别的人类劳动。玩家需要通过打败怪物来得到金币或者装备，这也是他们挣钱的方法。而我们所说的第二市场就是为了让那些在游戏上花了更多时间的玩家通过再分配得到一定的收入。由于是用现金购买的虚拟货币，可以使玩家在游戏里享有一种现实生活中百万富翁的感觉，也正是这种需求让虚拟物品交易逐渐成为社会经济的一种方式。目前很难估算出国内究竟有多少人是通过这种方式就业的。

由此也可以看出，虚拟物品交易在发展的过程中已经逐步迈入正轨，我们有理由相信在不久的将来，这个行业会从幕后走到台前，会从灰色变成红色，更会成为整个游戏产业链里必不可少的一个环节。

人们常常将虚拟物品交易和“盗号”联想到一起，这种想法本身就是对虚拟物品交易这一行为的严重破坏，加上确实有些从业者的自律能力很差，做了很多有损“行业道德”的违法勾当，致使虚拟物品交易面临着非常严重的信任危机。试问一下，又有哪个玩家愿意因为购买被盗物品而陷入接连不断的麻烦中去呢？

虚拟货币会消亡还是兴旺

网络货币作为现实在网络空间的延伸之一，它从诞生之日起就注定了有着同网络世界一样的巨大活力和广阔前景。虽然目前在国内还没有真正意义上的网络货币，但类似产品却在一定范围内运转着，下面我们对虚拟金融世界的未来做一个前瞻性的展望。

现如今在中国，各家网络公司群雄并起，满怀希望和信心地发行自己的虚拟货币。从现实货币的历史角度来看，货币总是朝着更统一、更便捷、更稳定的方向发展。就像许多生物学家知道的那样：生命体总是不断地进化，不断地使自己更适应这个世界。而货币与其他实物一样，它就像一个生命体，不断地升华，不断地冲破自己的极限。因此，我们设想一下，若干年后虚拟货币也将朝着这个方向发展。那么它的发展过程是怎样的，可预见的最后结果又会如何呢？

在探讨这个问题之前我们应该认清一个事实：虚拟货币的支付和流通能力一定会远远地超过现在的水平，它会出现在我们现实生活的支付和不经意的使用之中，渗入到我们网络生活的点滴之中。

一、硬通货虚拟版的出现

既然市场对虚拟货币的需求如此强烈，那么货币发行公司对虚拟货币的发行量是否会增加呢?

微观经济学原理告诉我们，无论是为了股东还是为了企业的高层管理者或员工，虚拟企业总是追求利益的最大化。如今虚拟企业在发行虚拟货币时从不会考虑是否要约束货币的发行规模和如何维护货币的信用，更不会以某种金属或资产作为发行储备。

而互联网增值业务的产品有一个共同特征，它们的生产不受生产资料价格和物流成本的限制。在现行的网络市场中，网友只要成功地在一些网站上申请成为某些虚拟货币的推广员，他就有资格出售这种货币，所获得的提成和他的业绩成正比。

根据某家网络公司2005年上半年的财务报表显示，其收费互联网增值业务的注册用户达到了940万，同时上半年的收入也达到了3.1895亿元，比上年同期增长了50.3%。

很多虚拟企业在发行虚拟货币的过程中日益意识到自己不但有发行虚拟货币并创造虚拟货币的能力，同时还可以利用这一特有的能力来为自己的企业谋取更多的利益，于是出现了虚拟企业通过大量发行虚拟货币来抵消债务和增加收入的行为。由于虚拟货币一直保持着持续不断的供给，当发行的货币量超过市场需求的程度时，就会引起虚拟世界里的虚拟通货膨胀，从而给这些虚拟企业带来信用危机，这将使只顾额外利益的虚拟企业深陷危机无法逃脱，最终走向倒闭。

从中国现有虚拟货币市场的情况来看，因为现有货币市场上能够进行自由流通的虚拟货币种类很多，于是在这样的虚拟世界里就出现了与现实货币一样的竞争。

为了更好地了解虚拟货币是如何竞争的，我们来分析一个大家都比较熟悉的虚拟货币产品，即现阶段最流行、最时尚、最方便的Q币，Q币的这些特点使得它在网络货币中占据了主导货币的地位。由于虚拟企业的宗旨是在生存与发展的基础上谋求自己更大的竞争优势，于是，就会出现现有几种虚拟货币合并的情况，通过这样的方式来扩大自己公司的市场份额以及对货币持有者（消费者）的吸引力，在这样的竞争过程中就会出现良币驱逐劣币的状况。于是我们会发现虚拟市场上流通的虚拟货币的种类在不断减少，最后生存下来的几种网络货币之间就会以一定的并且相对稳定的兑换比率存在着，就好像腾讯Q币、百度币和网易泡币三者之间为了能够方便兑换，就会以一个相对固定的比率相互兑换。在这样的兑换比率下，使得之前只能用于腾迅网络世界的Q币，现在就可以和百度币之间进行兑换，也就是说，持有百度币同样也可以得到腾迅的服务。

历史的车轮永不停歇地向前滚动着，现有发行虚拟货币的企业也处于一个“百家争鸣”的状况，但是即使大家都拥有发行虚拟货币的能力，历史总是优胜劣汰、不断更新的，这样的现状也会根据消费者的需求以及市场的变化不断地发生变化，于是就会在货币市场上形成少数几家实力雄厚、经营有序并且能够合理发行的货币发行者统治市场的状况，也就是所谓的寡头垄断。

二、虚拟货币的发展趋势

鉴于虚拟货币具有便捷、时尚等特征，它一定会继续在货币这个历史大舞台上走下去，但是由于虚拟货币的发展势头强大以及市场前景广阔，必须要对其进行必要的监管。尽管中国人民银行到现在为止尚未出台关于虚拟货币监管的具体办法，但我们认为，监管主要应侧重于以下两个方面：

第一，政府（虚拟政府或虚拟社区）规定现有的具有虚拟货币发行能力的虚拟企业必须成立标准的网络货币金融机构，并且这些网络货币金融机构的货币发行权与虚拟企业的运作发展是相互独立的，均由政府（虚拟政府或虚拟社区）来进行统一监管，这样就形成了一个相对稳定的虚拟货币体系。在这个体系中，现存的虚拟货币种类可以在网络市场上进行自由流通，执行各自的职能，同时相互承认、相互兑换、相互交易，下面我们也会针对虚拟货币兑换之间的汇率问题进行更进一步的陈述和讲解。

第二，政府（虚拟政府或虚拟社区）意识到虚拟金融体系必须进行统一的规划以及严格的管理，因此开始对虚拟货币市场进行一系列的整顿，强制规定官方统一的货币以及通用的网络支付体系，并建立一套与之对应的法律法规，与此同时，进一步明确消费者、商家、银行以及清算机构的权利和义务，并设立专门的网络货币发行、流量、统计的监控体系及认证中心。

曾经有人设想过，将中国国内的虚拟货币更名为虚拟人民币，接下来虚拟人民币的出现，就可能会带动世界上其他国家出现并发行自己国家的虚拟美元、虚拟日元、虚拟欧元等，虽然是设想，但是发生的可能性还是很大的。

三、世界虚拟货币市场的形成

由于全世界范围内虚拟货币的发展一直处于高速发展的状态，随着时间的不断推移，虚拟货币市场的发展更是达到了一个均衡和平稳的状态。但是为了便于世界范围内虚拟市场上的各种交易，虚拟货币的流通就要冲破这个平稳的均衡状态，人们会根据市场上所流通的货币种类以及自己的交易习惯来不断适应新的货币状态。我们可以假设将来现实生活中不但可以用虚拟货币在网上购买各种商品，用来支付各种服务，甚至可以用虚拟货币信用卡去买早餐时，那么我们也会希望外汇市场、进出口产品市场等交易市场也可以用虚拟货币进行交易，这样就能使交易变得更加便捷和快速。

虚拟货币的多种职能

虚拟货币和传统货币一样都具有各种职能，首先具有两个基本职能，价值尺度和流通手段；其次基于以上两种基本职能，并且基于网络经济的一些特性，虚拟货币还具有价值储藏手段、支付手段、世界货币和帝国工具这4种职能。接下来我们来具体分析一下。

一、价值尺度

与传统货币一样，当被用来衡量其他商品价值时，虚拟货币便要执行价值尺度的职能。

在传统货币的实物货币发展阶段，传统货币为什么具有价值尺度职能呢？主要是因为传统货币本身就是具有价值和使用价值的物品，也就是说，传统货币的价值和使用价值是客观存在的，所以它才能够用来衡量其他商品的价值。当实物货币进入到本位货币阶段即金属本位制阶段时，一国的本位货币虽然是由国家以法律形式规定并铸造的金属货币，并以这种金属货币作为本国的货币单位，但是金属货币的币材依旧具有价值和使用价值，仍属于实物货币的范畴。可是当金属本位制进入到不可兑换的纸本位制时，纸币就只能作为一定量价值的衡量符号，并不能与金属保持等价关系，也就不能自由兑换。也就是说，纸币的实际价值根本不能代表金属的实际价值，但是由于纸币所代表的价值是由国家法律所赋予的，纸币因此就法定具有了价值尺度职能。

虚拟货币是在网络世界产品的交换基础上产生的。虚拟货币的产生也是由虚拟财产的物物交换开始的，就好像网络玩家想要相互交换一些游戏装备或是一些信息资源来满足自己的需求，后来很多网络游戏制作公司开始推出积分制度，通过这样的制度玩家就可以通过不断积累积分来购买虚拟游戏世界的装备或是获得进入某些专业网站的资格以及浏览并下载相关资源的权利等，再后来虚拟货币发展到积分或点数逐渐与现实中的货币产生兑换关系，这就需要以实际的货币来购买一定比例的点数或网络货币，于是虚拟货币的价值尺度职能也逐渐变得明朗。由于虚拟货币与实际货币有一定的兑换关系，使得虚拟货币能够衡量其他商品的价值，于是虚拟货币便开始执行价值尺度的职能。

由于虚拟货币具有价值尺度这个职能，虚拟世界里的所有产品和服务就可以通过一个相同的标准来衡量自己的价值并进行兑换、交换和流通，并且此时商品价值的形式也就转变成了价格的形式。

在虚拟货币尚未出现的时候，虚拟世界的物品和信息交换一直处于物物交换的阶段，此时物品和信息的交换只有交换价值并没有交换价格，而交换价值主要是由要交换的两种商品的交换比率构成的。这种交换比率是随着参加交换的商品种类的增加而不断增加的。在这种情况下，假设我们要进行N种商品的相互交换，就会出现N（N-1）/2种交换方式。虚拟货币出现之后，假设当虚拟货币具有价值尺度的职能时，那么所有商品都能以特定的货币单位进行度量，从而建立起与虚拟货币的交换比率即商品价格，在这样的情况下就可以进行相互之间的交换了，商品交换的速度也得到了质的飞跃。这个时候我们就可以说在虚拟市场上进行N种商品的交换，每种商品都会与虚拟货币建立起一定的交换比率，也就是这样的交换只需要N种交换比率就可以完成相互间的交换过程了。

下面让我们用具体的例子来描述一下：首先，假设现在在网络经济市场中只有3种不同的商品，这3种商品分别是魔兽游戏中的衣服、药品和武器，接下来我们需要了解这3种商品的价格便可以知道三者之间是如何进行交换的。这3种商品的价格分别是这样的：以药品表示的衣服的价格、以药品表示的武器的价格和以衣服表示的武器的价格。但是假设当网络经济中出现10种商品的话，我们就需要知道45种不同价格才知道如何进行交换；再假设网络经济中有100种商品，那么我们就必须要知道4950种价格；假设有1000种商品，则需要知道499500种价格，这样计算下去那就太可怕了。

大家可以设想一下，在网络中用这样的交换比率进行交换，那么进行1000种商品的交换和消费该会是多么艰难的一件事。假设在魔兽游戏中买一件披风需要花费0.3件武器，那么一件外套的价格就是6份药品，如此计算想要判断披风和外套到底买哪个比较合适就是一件很费脑筋的事。假设你想要确定能够使人们可以对所有商品的价格进行比较，那么每件商品的标价都要有999种不同的价格，然后要把这些标价都看上一遍才能够做出比较，这样所需付出的机会成本非常高。

为了摆脱这样的高机会成本并且难以比价的窘境，最好的方法就是把虚拟货币引入网络社会，通过虚拟货币单位来表明所有商品的价格，就好像现在的网络经济中人们用Q币来分别表示药品、衣服和武器的价格。假设经济中只有这3种商品，那么有统一衡量单位的标价要比物物交换来标价方便得多，在交易过程中，只需要3个价格而已。然而假设有10种商品存在于网络经济中，也就只需要10种价格；假设是100种商品，也就只需要100种价格，对于1000种商品，也就只需要1000种价格，而不再是庞大的499500个了！

我们可以看出使用虚拟货币作为衡量商品价值的价值尺度，不但可以减少需要考虑的价格数目，还帮助减少了网络经济中多余的交易成本。在网络经济交易日趋复杂的今天，虚拟货币的价值尺度功能所带来的利益和优越性会更加明显。

二、流通手段

在网络经济中虚拟货币被用作商品流通和商品交易的媒介时，虚拟货币便开始执行了流通手段的职能。

在虚拟货币出现前期，网络经济市场中的商品交换主要形式是物物交换，也就是说，两个玩家通过交换各自手里的武器来满足自己的需求，而交易也就在这两种不同商品交换中完成了。在这个交换过程中，进行交换的两个人同时具有买者和卖者的双重身份，即在卖出自己多余商品的同时也买回自己所需要的商品，所以买和卖这两个行为所发生的时间和空间都是一致的，是一个连接紧密的过程。但是当虚拟货币出现后，商品交换的过程中出现虚拟货币作为媒介来衡量商品的价值，于是买和卖这两个行为就变成了两个相对独立的过程，两个行为的时间和空间上都不再具备物物交换所特有的同时性。就好像在网络游戏中玩家也就是商品所有者，一般都会先卖出自己所持有的一部分商品来获得一定量的虚拟货币，然后利用这些虚拟货币去购买自己所需要的商品或者暂时持有这些虚拟货币留后再使用。这种情况可以说明在虚拟货币作为交换媒介的时候，在网络商品经济中也会出现生产过剩的情况。

虚拟货币在执行流通手段的职能时是通过自身来体现其他商品价值的，于是就要求网络经济社会中的货币必须是真实存在的，不可以仅仅是观念上的货币。由于在实物货币的阶段，货币本身就是具有价值和使用价值的物品，所以实物货币不能执行货币的职能时，依旧可以发挥自身所具备的使用价值。但是当虚拟货币产生后，虚拟货币所代表的价值远远高于虚拟货币自身的实际价值，处于网络经济中的人们需要虚拟货币主要是因为虚拟货币能够被广泛地接受并且能够用来交换虚拟经济中的各种商品和劳务，而不是因为虚拟货币的本身。也就是说，作为交换媒介的虚拟货币仅仅是用来进行商品交易的手段，而不是人们使用的最终目的，虚拟货币的所有者所关心的是虚拟货币能否买到与货币价值相当的商品。

下面我们再次用腾讯公司的例子来具体说明。首先假设Q币是不存在的。假如现在在网络世界里有一个玩家超级痴迷打扮自己的QQ秀，这个玩家拥有两顶很漂亮的帽子，她用这两顶帽子来装扮网络世界里的自己，但事实上她每次只能在她的QQ秀中使用其中的一顶，并且此时她还缺少一条可以搭配裙子的项链。那么在物物交换的经济中，如果想买到这样的项链，她就不得不寻找到那个和自己一样有一条多余的项链并且能够令自己满意的项链，同时还需要一顶帽子的另外一个玩家。这样的寻找过程想象一下就是又漫长又艰难的，而且在这个等待的过程中，这个玩家帽子的使用权限就会过期了，而此时她可能仍旧没有找到一条自己想要的项链。

通常情况下，我们把从事商品和劳务的交易所花的时间叫作交易时间成本。这种成本在网络经济的物物交换中是非常高的，高成本的原因主要是因为人们必须满足“不同需求的双重巧合”。也就是说，每个想要交换商品的人都必须找到那个人，他恰好拥有自己所需要的商品和劳务，并且恰好也需要自己所能提供的商品和劳务。

那么让我们来假设一下，如果说这个QQ秀迷恋者的世界出现了虚拟货币，就像腾讯公司发行了Q币，并将全部QQ秀的商品都用Q币进行标价，此时这个QQ秀迷恋者就可以把她那顶多余的帽子在市场上卖出，从而获得一定数量的Q币，同时可以选择持有Q币以等待自己想要的项链出现，再或者直接在QQ秀市场上选购一条合适的项链。这个痴迷者不但节省了很多时间，并且还能够顺利地装扮虚拟世界中的自己。

从这个例子我们可以看到，虚拟货币节约了商品和劳务交易的时间成本，提高了交易的经济效率，而交易效率的提高又使得人们开始专门从事自己最擅长的工作，这样使得社会整体的效率都会提高。由此我们知道，在网络经济时代，虚拟货币的重要性是不可替代的：虚拟货币不但降低了交易成本，而且像润滑剂一样使得网络经济的运行更加便捷迅速，并且有效促进了专业化的劳动分工。

作为一种必须充分发挥货币功能的商品，虚拟货币必须满足以下这些要求：

1. 虚拟货币必须能够标准化，使得人们能够很容易确认其价值。

2. 虚拟货币必须被社会广泛接受，比如在魔兽游戏中的所有玩家都必须接受其他买家或卖家使用这种虚拟货币。

3. 虚拟货币必须能够被分割，也就是说比较容易找零。

4. 虚拟货币不能消失太快，至少在这种网络游戏仍然运行时，这种虚拟货币能够存在并能够被玩家所使用。

三、价值储藏

虚拟货币由于具有媒介作用，是可以用来购买各种商品和劳务的，也就是代表了一种购买的能力，因此虚拟货币就成为了网络经济中社会财物的一般代表。正是由于虚拟货币的这一特性，人们便有了储藏虚拟货币的欲望。虚拟货币持有者在网络中的虚拟账户中保留一定量的虚拟货币，然后在必要的时候购买自己所需要的其他商品。当虚拟货币被人们储藏起来留待他日再用的时候，虚拟货币就执行了价值储藏的功能，这部分虚拟货币就退出了网络经济的流通领域。由于虚拟货币的这种功能，人们获得了超越时间的购买力。人们可以利用价值储藏功能将自己取得收入的时间和花费收入的时间分开来。虚拟货币的这一功能是十分重要的，因为我们大多数人都不想在取得收入的时候就立刻将它们花光，而宁愿等到时间充裕或者确实需要时再去商店购买其他商品。

这里我们需要说明的是，在虚拟世界中虚拟货币并不是唯一一种储藏价值的手段。就好像玩家可以持有游戏中的装备或者自己QQ形象收藏夹里的衣物和饰品，通过这样的方式在一定程度上可以达到价值储藏的效果。但是，由于这些产品并不具备货币的价值尺度和流通手段这两个基本职能，因此它们不是我们所说的虚拟货币。由此可见，具有价值尺度和流通手段职能的产品一定会具有价值储藏的职能，但是具有价值储藏职能的产品并不一定就具备价值尺度和流通手段职能这两个职能，所以游戏玩家所拥有的全部装备并不能算是虚拟货币，只是虚拟产品。

在网络经济时代，到底是虚拟货币容易储藏还是某些虚拟商品容易贮藏我们难以分辨，但是可以肯定的是，人们更偏好于储藏虚拟货币最重要的原因是由于虚拟货币具有虚拟产品不具有的流动性。所谓流动性是指一种资产转换成交换媒介的难易和快慢程度。在网络经济中，虚拟货币比其他资产的流动性都要好，主要是因为虚拟货币本身就是交易媒介，它无须通过转换成其他产品来购买，而是可以直接进行购买活动。就好像游戏玩家想要出售虚拟城市里的房屋，但是不一定能够在短时间内就找到合适的买家，或者合适的买家也不一定能够接受玩家所提供的出售价格，这时假设玩家正处于急需大笔虚拟货币来偿还自己到期债务或者急于想购买别的商品，那么玩家就可能会为了迅速脱手而不得不接受一个较低的售价。由此来看，虽然虚拟货币不是最具有吸引力的价值储藏手段，但是人们却更偏向于它，主要是因为虚拟货币是相对来说流动性最好并且受阻碍最少的资产。

在这里我们必须强调一点，虚拟货币和传统货币作为价值储藏手段的要求是一样的，作为价值储藏手段的虚拟货币必须是真实存在于网络经济中的货币，原因是人们储藏虚拟货币是为了储藏财富，并且在需要时可以随时将虚拟货币换为现实的商品。同时网络商品经济的迅速发展使得人们积累财富的欲望更加强烈，这就使虚拟货币的价值储藏职能得到了更大程度的发挥。

徜徉在传统货币发展历史的长河里，货币的储藏手段在足值金属货币流通的条件下只能发挥自动调节货币流通量的特殊作用。如果商品流通对货币的需求量减少，那么过多的货币就会暂时退出流通领域变成储藏货币；反之，如果流通中的货币需求量增加时，那么一部分储藏货币就会再次进入流通领域，再次发挥流通手段和支付手段的职能。货币的价值储藏职能就是这样自发地调节着流通中的货币量，使得市场上的货币数量能够满足商品流通量的需求。

虚拟货币在网络货币流通的情况下同样具备价值储藏手段的职能，但此时却不再具有自发调节市场上货币流通量的特殊功能。这主要是因为，在网络经济时代，货币的发行通常会体现出一定的外生性，在这种情况下货币超经济发行就有很大的可能性发生，这一点相对于现实经济社会来说，可能性会相对微小。让我们假设一下，如果在魔兽游戏中，提供给玩家的积分或者点数过多，超过了在魔兽游戏中商品流通的正常需要量，那么虚拟世界的物价就会上涨、虚拟货币就会快速贬值，虽然更可能的情况是游戏中的虚拟商品可以被无限地制造。

四、支付手段

在网络经济中同样有可能出现以延期付款的方式来买卖商品的情况，通常在这种情况下，虚拟货币会被用来偿还债务，这时虚拟货币就执行了支付手段的职能。

网络经济与现实经济社会类似的是，随着虚拟商品生产以及商品交换的不断发展以及完善，在商品生产以及商品流通的过程中，客观上要求虚拟商品的生产以及虚拟商品价值的实现在时间以及空间上要相互分离，这样就导致商品生产者周转资金的不足。为了能够使生产进行得更加顺利，购买者就需要以赊购或者是延期付款的手段来获得所需的商品，此时赊买者就成了债务人，赊卖者则称为债权人，商业信用也就这样产生了。于是，当赊购者用所持有的虚拟货币来偿还之前的欠款时，虚拟货币就执行了支付手段的职能。

虚拟货币的支付手段职能是来自虚拟货币的价值尺度以及流通手段职能。由于虚拟货币具有流通职能，所以随时都可以用作交换商品，同时又因为虚拟货币具有价值尺度的职能，所以可以用来衡量其他商品的价值。正是因为具备这两个基本职能，虚拟货币才有被当作支付工具的机会。

虚拟货币的支付手段职能就好像润滑剂一样，使得虚拟商品的生产以及虚拟商品的流通都变得更加快捷，但是即使是这样也不能避免潜在的随时可能发生的债务危机。假设有个债务人因各种原因不能按期偿还债务，同时他所对应的债权人同时又是债务人，那么这样的情况就会在一定程度上使得这个债权人的支付也变得困难了，再进一步考虑可能会间接地导致其他的债权人的支付危机，如此循环下去就会产生串联的难以偿还的债务链。其实在网络经济和现实信用经济中有很多情况都是一样的，都会出现一部分债权人同时也是债务人的情况。这时，一旦其中一个债务人不能按期偿还债务，必然会导致一连串的债权债务问题都不能得到解决，由于太多的债权债务不能解决就会引发网络经济中的信用危机。假设网络经济也是可以在国家间进行的，那么在网络经济下的国际贸易活动中，这样的债务问题就会导致国际债务危机，使得各国的经济出现问题。

虽然情况是这样的，但是人们依旧会利用虚拟货币的支付手段职能。与此同时，网络经济中的信用也就这样产生了，主要是由于一定的债权债务关系而产生的，假设这种债权债务关系的确立与现实经济中的以合同为凭据的债务关系一样，如果此时没有货币作为价值尺度，那么任何延期付款的合同都不可能签订。如果没有能够作为偿还工具的特定商品，那么合同双方的当事人是无法达成协议的。即使双方达成了协议，在债务方还款时，双方还会因为被偿还债务的商品质量而产生分歧。

五、世界货币

对于虚拟世界中的货币所具有的世界货币职能，首先必须建立在“世界虚拟货币市场已经形成”这个基础假设上。如果虚拟货币能够跨越国界这个限制，在国际市场上被用作商品交易的一般等价物，那么虚拟货币就开始执行了世界货币的职能。

通过对金本位制时期传统货币发展的分析，我们可以知道，传统货币在执行世界货币的职能时主要是那部分可以直接以重量来作为计数基础的贵金属，并不是金银铸币等价值计量符号。这主要是因为，金银铸币等价值计量符号是以一国法律作为支持保证发行并且只能在自己国家境内使用的货币，并不能真正反映出货币本身所具有的内在价值，但是这种货币一旦越出国界的范围，也就失去了本国的法律所起到的保护效力。正如伟大的政治经济学家马克思所说的：“一国的货币一旦越出国界范围，便会失去了在这一特定领域内所特定的价格标准、价值符号、铸币和辅币等形式，也就同时恢复原来的贵金属的形式。”

在可兑换的纸币本位制时期，这个时期的货币虽然只是一个用来衡量商品价值的符号，但是由于法律赋予纸币一定的含金量，并且纸币的发行过程都有一定的黄金作为保证金进行部分储备。也就是说，此时纸币的持有者随时都可以将手中的纸币兑换成货真价实的黄金，因此纸币时期和金本位制时期货币作为世界货币的原理是一样的。但是在现代这个不可兑换的纸币制度下，某些硬通货依旧具有世界货币的职能。这主要是因为这些硬通货在全球经济关系中处于相对强势的地位，并且这些硬通货的货币币值十分稳定，能够在国际市场上被普遍接受，所以才可以作为交换商品的一般等价物。

就好像现在虚拟经济中的百度币正在尝试着统一虚拟货币系统，并且想要建立统一的虚拟货币制度。如果在未来的某一天，世界各国的虚拟货币能够在一个世界范围内的市场上共同存在着，可以像现实世界中的各国货币一样，在世界市场上进行商品购买、偿还国际间债务等，并且存在着一个虚拟的货币兑换汇率制度。

进一步假设，随着国际间基于互联网络的虚拟经济、虚拟贸易、虚拟文化等多个方面联系的发展，各国之间债权债务关系的产生以及偿还等问题都有可能导致虚拟货币产生世界货币这个职能。因此，虚拟货币在执行世界货币的职能时，除了作为价值尺度，虚拟货币的货币功能还可能表现为以下三个方面：

1. 虚拟货币会作为虚拟国家之间的一般支付手段，主要用来偿还虚拟国家之间的债务等。

2. 虚拟货币会作为虚拟国家之间的一般购买手段，主要用来购买虚拟国家之间的一些跨国界的商品和劳务等。

3. 虚拟货币能够充当虚拟国家之间财富转移的一般手段，主要是通过支付一些赔款、发行对其他虚拟国家的债券或者转移虚拟财产等。

六、帝国的工具

货币是一种可以创造均一的经济和信息空间的强大工具，很多国家在试图建立合法性的国家时，这个国家的货币就是一种尤为重要的象征性的工具。有位哲学家曾经说，这种强加于一个国家货币的权力就是一个帝国的一种特权。

在虚拟的网络世界里，虚拟国家的界限并不会局限于现实国家的国界，一个大型的虚拟游戏或者是一个特大型的虚拟游戏系列都可以被当作一个独立的虚拟国家，这个国家中的人们所使用的特有货币就可以被看作是一个帝国的工具，这种特有的货币就是这个虚拟国家权力的象征。我们可以假设一下，如果制度允许的话，腾讯公司想要建立一个网络国家，那么腾讯就可以把Q币或者通过发行一种新的虚拟货币来作为这个虚拟国家的货币，此时的Q币就像是国家的国旗和国歌一样，是这个国家的象征。

第五章

货币与银行产品

——是花未来的钱还是让钱生钱

投资的话题一直为人们所称道。一般来说，无论何种投资，都存在着风险，风险越大，收益越高。很多人都倾向收益平稳的投资方式，因为风险比较小，可以把钱安心地投出去；有些人则追求刺激，喜欢风险大的投资，以求博取更多的利益。当然，投资不是盲从和赌博，是有窍门的，学到窍门才能将风险减小，获取高回报。

管理你的存款，让收益最大化

在关于储蓄的问题上，我们应该更多地考虑到它的方便性和适用性，在此基础上再去考虑利息问题。所以，我们需要更合理地配置存款，而储蓄这种最简单的投资方式其实也有很多的窍门。

一般选择储蓄这种投资方式的投资者应该合理选择存款的期限、正确选择储蓄种类，假如条件允许就尽量存成定期1年或者3年，而不要存短期储蓄、定活两便或者活期存款。要知道3年的利息和半年或者活期的利息差距会很大。所以在投资的时候，一定要想清楚时间长短，要不然会影响到之后的利息收入。

笔者总结了四种方法以供投资者借鉴选择：

第一种，阶梯存储法。

我们以10万元为例说明这种储蓄的方法。将10万元中的4万元存成活期，便于平常的支取使用；然后将剩下的6万元分别以2万元分为三部分，然后各存为定期1年期、2年期和3年期。等到1年后，将到期的这份存款再存为一个3年期，按照这个方法以此类推。这样等到3年之后，手中就会有3张3年期的存款单，只不过是到期的年限不同，各自相差1年。阶梯存储这种方法既能应对储蓄对利率的调整，又可以用有限的钱获得最大的利息。

第二种，分开存储法。

现在很多人怕麻烦，所以将所有的钱都存成一张储蓄单，这样保管起来会方便很多。但是这种做法并不适合理财，也会造成利息的损失。如果自己生活中遇到了急事，就算需要很小的一部分资金，也不得不动用一张大额存款单，这样就等于拱手让出了所有的利息。为了避免这种利息损失，投资者到银行储蓄的时候，就应该尽量将存款的金额巧妙地分开，比如现在有10万元，我们可以按照金字塔的方式排开，存成4张存单，分别是1万元、2万元、3万元和4万元，这样当自己需要资金的时候，可以选择相应的一张存单，就不会损失更多的利息了。

第三种，12张存单法。

就是每个月定期储蓄一张1年期的存单，这样一年下来，到年底的时候就有了12张1年期的存单，等到第二年的1月份，每过一个月就会有1张1年期的存单到期，这样既可以保证利息，又不影响自己的正常生活。如果存单到期之后不选择取出，那么会自动滚存，这样既享受了比活期高的利息，又可以拥有选择其他投资方法的余地。

第四种，组合存储法。

这是一种存本取息与零存整取结合起来的储蓄方法。先将一部分资金存为存本取息储蓄，等到1个月之后取出利息，再存为零存整取储蓄，以后的每个月都按照这种方法办理。

假如现在有10万元的本金，可以先选择存本取息储蓄户，等到一个月之后，将第一个月的利息取出，再重新开一个零存整取储蓄户，然后将每个月的利息都存入这个账户中，这样，投资者既可以享受存本取息的利息，而且利息都存入零存整取的账户中又可以产生利息。

储蓄的时候如果只存活期，最好每隔半年去银行结算一次利息，然后将本息再存，因为每年的6月30日是活期存款账户的结算日，适时取息再存，可以获得滚存利息的收益。

现在很多银行都提供很多种储蓄服务，各位投资者都应懂得利用银行提供的各种服务。如果人们的定期储蓄到期之后不去办理其他业务，那么银行就会按照活期将这些钱储蓄下来，这样投资者的利息会少很多。如果金额巨大而跨越的时间很长，损失就会更大了。所以为了避免这种损失，人们在选择储蓄时尽量选择银行提供的“约定续（转）存”，银行对约定续（转）存的存款以转存日的利息计算，转存时会将所有的本金和利息都按照约定转为定期的储蓄存款。这样既可以免除人们的利息损失，同时又可以省去奔波于银行的辛苦。如果之后遇到降息也没有关系，因为约定续（转）存是按照转存日的利息计算的。

当然，就算是活期储蓄也可以约定转存。比如说你手头有5万元，短期内你知道自己不会用到，但是又不确定自己什么时候用，这个时候你就可以和银行约定转存，如果在这个期间你没有使用，就可以享受比较高的利息。这种约定转存的业务有着很大的好处，它在不影响投资者使用资金的同时，保障了投资者利益最大化。

几乎所有人在生活中都会遇到急需用钱的时候，但这个时候未必家中的定期存单正好到期，这时大多数人都会将定期存单提前支取，以解燃眉之急。但是提前支取的方法不同，对自己利益的影响也就不同，所以在提前支取前考虑清楚如何支取很重要。现在很多银行都推出了定期储蓄存款部分提前支取业务，也就是客户先将钱存为定期，到使用的时候先取出一部分，取出的部分按照活期利率计算，其余的钱则按照定期存款的利率计算。为了避免损失，提前支取最好选择这种方法。

假如，有位投资者手中有10万元，他存了一个定期为1年的存单，大约一半时间的时候突然有急用，需要取出5万元，那么这10万元的利息按照两部分计算，一部分为5万元的半年利息，50000×0.72%的一半，大约是180元；还有一部分则是按照1年的定期利率计算，即50000×4.14%=2070元，加起来总共是2250元，这样明显比全部取出的利息要多出一些。

你听说过信用交易吗

很多人已经熟悉了股票投资这种理财行为。股票是一种永久性证券，可以转让流通或抵押，但不能退股。我们经常会听到一些人讲到股票买空卖空，这其实就是股票交易中的信用交易类型。

我们来看看常见的四种股票交易方式：

第一种，现货交易。

这是一种大家最为熟知的交易方式，是指股票买卖双方通过证券市场成交之后立马办理股票交割，有点像我们经常说的“一手交钱，一手交货”。

这种股票交割当天就可以完成，最多一周时间。它是证券交易中最早、最简单的交易方式。

第二种，期货交易。

这种交易是指股票买卖双方通过证券市场约定成交价格，但并不是当时就成交，是在将来的某个时刻进行交割。很明显，这种交易方式下的交货时间和成交时间并不一致。也正是因为这种不一致，在实际交割过程中会有一定的额外收益或者额外损失。当股票清算时价格上涨，就代表买入方会获得一些额外的利益，卖出方则会相应受到一些损失；相反，如果在股票清算时价格出现了下跌，那么卖出方就获益，而买入方需要承担一些额外的损失。

这种交易方式也可以因为交货时间和成交时间的不一致而实行对冲，也就是双方在股票清算的时候进行轧差，这种轧差并非一定要交出股票，支付差额就可以了。

第三种，信用交易。

这种交易方式又叫作保证金交易或垫头交易，是投资者按照规定的比例向经纪人提供信用支付部分证券或款项，经纪人需要垫资不足的部分。

第四种，期权交易。

这种交易方式也叫作选择权交易。投资者在支付了一定的费用之后，就可以获得按照交易双方协定的价格买卖某种证券的权利。

期权交易的对象就是这种证券的买卖权利。换句话说，就是期权交易并不是在买卖证券，而是在买卖一种权利。

假如你拥有了这种买卖的权利，在有效期内就可以行使自己的权利，买进或者卖出证券，当然这种权利也可以主动放弃。

这里我们重点来看看第三种信用交易。信用交易最大的特点就是“借钱买股票”、“借股票卖股票”，也就是说，你手中没有足够的资金也可以炒股票，你手中没有足够的股票也可以卖股票。

听起来有些让人难以置信，但其实这种做法与投资办工厂、开店都是一样的。假如你想开一家公司，但是手头的钱又不够，那么该怎么办呢？很简单，向别人借钱或者向银行贷款，只不过在股票的信用交易中，经纪人扮演着别人或者银行的角色。

投资者将自己的资金和向经纪人借入的资金买入股票，不足的部分就要建立在信用的基础上，而经纪人之所以愿意帮你垫付差价，并且在日后顺利收到利息，都是建立在双方的信任之上的，即都是建立在一种信用关系上。

经纪人向投资者垫付的差价并不是他自己的，而是他从金融机构借来的，所以经纪人和金融机构之间也存在着一定的信用关系，如果没有这层关系，他也无法从金融机构中借到钱。

所以说，上面讲到的两种信用关系缺一不可，少了任何一个，信用交易就无法进行下去。

信用交易一般分为两种：保证金多头交易和保证金空头交易。

所谓的保证金多头交易，是指投资者预判某种股票在未来的日子中有可能会涨价，但是自己手中的资金有限，无法过多购买这种股票，所以就向经纪人贷款，用借来的钱购买这种股票。当然这种贷款要支付一定的利息，如果这支股票将来涨价了，那么投资者只需要卖出这些股票，用这些钱来偿还贷款和利息后，自己还能够赢利一部分。

投资者在进行保证金多头交易时，首先要按照规定的比例交出一部分款项，这部分款项叫作保证金，不足的部分则由经纪人向金融机构借款垫资。金融机构会向经纪人收取一定利息，经纪人则向投资者收取一部分利息，后者大于前者，从而保证经纪人有利可图。

一段时间之后，投资者以较高的价格卖出了这支股票，那么金融机构、经纪人和投资者都可以解套，从中获得一部分的赢利。

不过，这种设想是一种理想化的状态，整个过程中是存在风险的。比如投资者预判会涨价的这支股票最后并没有涨价，甚至还有可能出现价格下跌的情况。

当遇到这种情况的时候，投资者很有可能无法偿还经纪人的垫款。为了避免无法偿还经纪人垫款的情况发生，当价格下跌到一定幅度时，经纪人有权卖掉一些股票从而偿还自己的垫款。一直任凭价格下跌的现象并不会发生，要不然经纪人也要跟着破产，他所借款的银行也会跟着倒闭。也正是因为这个原因，很多国家的银行对投资者的借款有很明确的规定，任何人都不能越雷池半步。

所谓的保证金空头交易，是指投资者预判到未来某种股票价格有可能下跌，很想现在就将这支股票卖出去，等到价格下跌的时候再买回来，这样自己就可以赚取一定的差价。但是，现在投资者的手中并没有这支股票，所以就需要向经纪人“借用”一部分这种股票从而供自己卖出去，等到涨价之后再买回，再还给经纪人。

投资者在进行保证金空头交易时，也需要按照一定的比例交部分款项，也就是保证金。

保证金空头交易习惯上称为“卖空”，而保证金多头交易习惯上称为“买空”。不管是卖空还是买空，实际上都是投资者借助自己的信用对经纪人资金的使用，当然最终他们也要付出一定的利息。

信用交易有优点，也有缺点，主要体现在：

信用交易的优点主要体现在具有较大的杠杆作用，便于投资者实行超出自己能力的交易。

投资者在意识到某支股票要上涨时，就特别希望多买入这支股票，这时手头的钱再多也感觉不够，如果引入信用交易，他们就可以实现自己的愿望，用小部分的钱作为抵押，从而买来更多的股票；而当投资者感觉某支股票有可能下跌的时候，希望卖出的股票越多越好，这时也可以借助信用交易采取卖空操作。不管是上涨还是下跌的预测，只要最终实现，投资者都可以凭借着信用交易而大赚一笔。

比如说有位投资者手中有现金10万元，他猜测某支股票明天就会涨停，后天则会回调，于是就想在今天赌一把。假如现在这支股票的价格是每股25元，如果不能信用交易的话，自己最多买入4000股，当然还不考虑佣金和印花税等费用，最终如果自己预料准确，那么获利是12.5×8%=1（万元）。而如果在信用交易情况下，将这些钱交给证券公司，假如保证金的比率为8%，那么这个时候他就可以买入5万股股票。而假如这位投资者很厉害，真的完全预料准了这支股票的情况，那么他就可以获利10÷8%×10%=12.5（万元）。

信用交易能够活跃股票市场，从现在的日本和中国台湾等国家和地区的情况看，信用交易虽然只占总市值的1%左右，但是这些却创造了整个股市20%的交易额，换句话说，就是没有了信用交易，股市的交易至少会减少1/5。

当然，信用交易也有自己的弊端和缺点。

信用交易的弊端和缺点主要存在于决策错误，如果错误，就会给自己造成巨大的损失，甚至会让自己血本无归。信用交易在活跃市场的同时也造成了市场的需求，加剧了股市的人为波动，所以世界各国对信用交易管理都很严格，而我国到现在还没有正式实施股票卖空机制。

股票信用交易一般会通过杠杆的作用从而放大投资获利效应，同时对股市有活跃作用，但是，如果对此判断错误，造成的损失将会无法估量。

投资晴雨表：债券利率

投资者所购买的债券在未来的实际收益并不一定和票面上的利息率完全相同，甚至会大大超乎票面规定的收益，而有的时候也会大大低于票面的规定。这其实在揭示债券和利息率之间的联动关系。其实利息率和债券投资收益率是完全不同的两个概念，利息率并不能反映债券收益率。

比如说有人拥有一张面值1000元的债券，票面年利率是3.5%，假如用900元的价格去买下它，那么当期的收益率是多少呢?

首先我们要明白两个概念，年息票收入和当期收益率。年息票收入就是定期支付的债券或者其他票据的利息，上面例子中的年息票收入就是350；当期收益率则是指年息票收入与当前购买价格之间形成的比率。

我们可以通过一个计算公式来体现这个关系：350/900×100%=3.89%

很明显3.89%大于3.5%，也就是说，投资该债券的当期收益率高于票面收益率。这是为什么呢？因为我们的买入价格要低于票面价值。如果我们的买入价格高于票面价值，当期收益率就要低于票面价值率了。只有原价1000元买入的时候，才会和票面的3.5%收益率相同。

再多一种假设，假如该债券我们是以980元的价格买入，而在一年之后，又以1020元的价格卖出，那么我们再来计算一下实际回报率。

这种情况下我们就不应该计算当期收益率了，而是需要计算持有期收益率。该债券的持有期收益率可以看成是该债券持有期间的投资回报率，主要包括两个部分：一部分是该债券的利息收入，另一部分是买卖该债券价格与票面价格之间的差价而形成的资本利得。自然，这种投资回报率也和该债券票面的3.5%不同。

同样，我们借助一个公式来表明：

$$(1020-980+1000\times3.5\%\times1)/980\times100\%=7.65\%$$

从上可以看出，它的实际收益已经远远超出了3.5%。这是因为其中包含了资本利得率。在西方很多国家，人们平常所说的债券利益率其实是指持有收益率，而并非当期收益率。

一般情况下，利率调整的方向与债券收益率变动方向一致，与债券价格变动的方向相反。换句话说，当市场利率上升的时候，一些持有固定利率债券的投资者就会发现，他们持有的债券收益率也会随之升高，而此时的债券价格相对来说是降低了。

这种变动很有可能促使投资者用原来的价格迅速卖出手中的债券，从而造成这种债券在市场中供大于求，会引发债券价格的下跌。而这种供大于求的局面，又会使债券的收益率重新回升、逐渐向市场利率靠拢，原来的局面又会发生扭转。

我们借助例子来说明这个问题：假如有面值1000元的1年期债券，年利率为3.5%，那么到期之后的本利相加是1000×（1+3.5%）=1035（元），如果此时的市场利率是3.5%，那么按照1035÷（1+3.5%）=1000（元）计算，此时债券的价格还是1000元；如果此时的市场利率提高到5%，那么该债券的收益率也会随之而提高，应该是1000×（1+5%）=1050（元），而债券价格也出现了下降，应该是1035÷（1+5%）=985.71（元）；而如果此时的市场利率下跌到了1000×（1+2.2%）=1022（元），债券的价格则随着升高，应该是1035÷（1+2.2%）=1012.72（元）。

利率与债券收益率两者之间的关系，不同期限债券的表现有所不同。虽然利率变动与债券收益率的同方向变动、债券价格的反方向变动规律不变，但是对投资者来说，风险和投资收益都有所不同。

债券到期时需要按照票面载明的利率进行兑现，所以距离债券到期日越近，该债券的风险就越小。长期债券的利率风险要远远大于短期债券的风险。

利率的调整会影响到债券利益率，使其同方向发展，债券价格则会反方向调整。简单说就是，利率上升后债券收益率也会提高，而债券价格会随之下跌。

那么，利率调整是如何影响股票收益的呢？

利率调整是短期内影响股市走势的因素，长期看也同样会影响到股价的变动。

我们都知道，金融因素是影响股市价格的最为敏感的因素，而其中，利率的调整对股市有着最直接、最迅速的影响。利率调整会在很长时间内影响股市的走势，而制定利率调整的政策则不需要受到股市走势的影响。具体来说，利率和股票的价格呈反比，利率提高了，股票的价格就会下降；而利率降低了，股票的价格反而会升高。

大量的研究表明，一般情况下，一年期定期存款利率调整的幅度达到1%，那么股票的指数价格就会向反方向调整0.4667%。

那么，股票价格的变动方向为什么会和利率调整呈反方向呢？主要有以下几个原因：

第一，利率的上升，将会不断增加上市公司的借款成本，自然贷款的难度就会提高，从而挤占到公司的利润、压缩生产的规模，之后的股市也会下降。

第二，利率的上升，投资者用来评估股票价格所使用到的折现率就会提高，股票的内在价值就会降低，股票自然也就下跌了。

第三，利率的上升，投资者将会把一部分资金从股市拿出来，然后购买债券或者存入银行，股市中的资金流通量就会减少，自然这种“失血”行为就会让股市下跌。

利率调整与股票价格变动既然存在上述关系，那么投资者就会对利率的调整时间、方向和力度予以密切关注，他们也会对利率的调整做出一些自己的判断，从而抢先进行股票买卖。

按照我们国家现在的情况，投资者可以着重关注以下几个方面：

第一，贷款利率调整幅度。贷款资金由存款来供应，所以通过贷款利率的调整可以判断存款利率也会有相应的调整。

第二，市场景气动向。市场兴旺，物价不断上涨的话，利率就会向上调整，因为这样做可以吸引更多的存款，从而减轻市场压力；反之，利率就会向下调整。

第三，资金市场的紧张程度和国际金融市场利率水平。在开放的市场体系中，货币是没有国界的，所以需要放眼全球，及时加以判断。

利率是宏观经济的“指挥棒”，股票市场是宏观经济的重要组成部分，所以，股票市场和利率之间存在着非常紧密的关系。

2007年5月18日晚，中国人民银行宣布了一条重要决定，将金融机构一年期存款基准利率上调0.27个百分点，此举立即引起了股市的大波动，因为这样的调整会给外界传达这样的信息：政府要加强金融调控力度、防止经济增长从偏快转为增长过热，同时也能看出政府准备给火爆的资本市场降温了。

但是，并不是所有的利率调整都会对股市的走势有如此直接的影响，两者之间的关系并没有那么简单。就目前所知，只有1996年5月的利率下调对我国的股市冲击较大，之后的5次利率下调作用都很微弱。

我们来看一些精明人士总结出来的规律：从短期看利率的调整，对股市的影响负面因素较多；从中期看这种影响很难判断；从长期即3个月以上的时间来看，正面因素反而较多。

有一项研究对1993年3月26日至2007年5月7日上海证券交易所每天的收盘指数与一年期银行定期存款利率数据进行了充分的对比，我们可以从中看出一些联动关系所具有的特征：

首先，我国股市对利率调整非常敏感。

根据统计学来看，它的方差、均值的F（用组内均方去除以组间均方的商，如果F值接近1，说明各组均数之间的差异没有统计学意义；如果F值远远大于1，则说明各组均数间的差异具有统计学意义）和t检验（在对均值进行假设检验时，与方差分析相类似的另一种参数检验方法）大多数情况下都会通过显著性检验。换句话说，就是利率调整后，股票指数的方差和均值都发生了显著改变。不过从整体上说，如果利率调整前后方差变化不够显著，那么股票指数的均值变化也就不会很大；如果利率调整前后方差变化明显，那么股票指数的均值变化也就会很明显。

其次，我国股市对利率调整并不是非常敏感。

从1993年3月26日至2007年5月7日的13次利率变动的影响看，利率的下调有时候不但不能让股指上升，反而会使其下跌。1996年5月1日、1998年3月25日、1998年12月7日三次的利率调整就是这样。我们来简单分析一下其中的原因：

1. 股市变动有很多原因，而不仅仅只是利率调整

除了利率调整这个因素之外，还有很多因素在制约着股市的发展，尤其对于不够成熟的股市，像庄家操纵、行政干预、投机过度、信息不对称等不规范因素都对股市的走势有着很大的影响。

我国股市的投机因素就不少，2007年股市暴涨、2008年股市暴跌，很大程度上就是过度投机和非理性行为造成的，这种行为大大破坏了利率与股票价格之间正常的联动关系。

2. 股市发展对利率调整缺乏应有敏感度

我国现在正处于经济转轨时期，各种社会保障制度比如医疗、住房、教育等都还不够健全，使得居民对未来的预期不稳定，从而导致利率变动所带来的投资替代效应不强；而与此同时，我国居民参与股市投资的比例不高，这也使得银行的利率调整对股市的资金流量影响不是很大，反而弱化了利率变动对投资的替代效应。

3. 实际利率才真正影响股市发展

利率有名义利率和实际利率，两者之间存在关系，但是不能等同，因为其中还有物价指数的变量在起着作用。

现在国际上比较流行的实际利率计算公式是：实际利率=（1+名义利率）/（1+物价指数）-1，简单地说就是：实际利率=名义利率-物价指数。

很明显，利率调整的仅仅是名义利率，而对整个股市的走势起影响作用的是实际利率。尤其是面对物价指数不变的前提下，如果名义利率上升或下降的速度太快，很有可能使实际利率的变动方向与名义利率背道而驰。

1997年年末，我国的一年期存款利率为5.67%，当时的物价指数是0.8%，而实际利率其实是4.87%；等到一年之后的1998年年末，我国的一年存款利率降为3.78%，物价的指数为-2.6%，此时的实际利率是6.38%。

其实这一点了解起来不是很难，1998年接连几次利率下调之后，实际利率就提高了，这是什么原因呢？就是因为物价指数在其中起作用，这个时候再看股票指数一直在下跌，就可以理解了。

4. 股票指数的变动对利率调整有一定的滞后，并受制于一些条件

利率调整对股市的影响并非第一时间表现出来，而是要等到市场的主体心态稳定下来之后才会显示。

1996年8月23日、1998年7月1日两次下调利息，在3天之后，股票的指数出现了明显的上升，并且保持了很长一段时间。也就是说，利率下调的不利因素在3天的时间里全部消化完毕，之后反映的才是利率调整的客观情况。

5. 利率调整对股市的刺激效应会逐渐降低

这主要是因为这种多次的利率调整会被股市提前消化。

比如，2007年5月19日的利率上调，当时居民的消费价格指数已经接连两个月超过了3%，市场对此已早有准备，甚至早就在盼望着出台升息政策，所以这个时候利率调整政策的出台显然没有意义，很难达到预期的效果。实际上在出台政策之前的一个星期里，股市曾经出现过两次震荡，已经在很大程度上消化了利率下调所造成的影响。

一般来说，长期来看，利率的调整对于股市走势有着很显著的作用和影响，也就是提高利率会直接导致股票的下跌，而降低利率则会导致股票的指数不断上涨。

靠谱理财：黄金

“盛世古董乱世金”，这是中国的一句古话，也就是在说太平盛世的时候，人们就喜欢买古董；而等到兵荒马乱的战争年代，就应该买黄金。现在虽然不是兵荒马乱的时期，但是随着次贷危机的爆发，世界金融市场发生了很大的震动，反而造就了黄金和古董都升值的奇怪景象。

Au是黄金的化学符号，这个名称来自于罗马神话中的“黎明女神”阿若拉（Aurora）名称的缩写。黄金一直受到人们的追捧，是华贵的象征。古代印加人将黄金视为“太阳的汗珠”；古埃及的法老们则坚持要埋在这种“神之肉”里；《圣经·马太福音》中讲到东方来的三博士带来的礼物中就有黄金；《圣经·启示录》中形容耶路撒冷的街道都是由黄金铺成的，吸引着人们前往……

“物以稀为贵”，黄金之所以这么值钱，主要是因为它的稀缺。根据世界黄金协会的数据表明，4000多年来，人类开采的黄金总量仅有16.1万吨，勉强能够填满符合奥林匹克运动会标准的两个游泳池，其中大多数都是在近50年里挖掘的。供当今世界各国交易的黄金大约有7万吨，实际流通的大约只有2.5万吨，如果由60亿世界人口来平均的话，人均仅有12克。

以目前的市场来看，为了规避风险和通货膨胀的双重因素，不管股市怎么样，黄金的价格都非常稳定，甚至有所上升。假如股市稳定，那么投资者会考虑到经济好转之后的通货膨胀而购买黄金；而假如股市动荡，投资者会将资金从股市中撤出，然后买入一些黄金。所以不管哪种情况，黄金的价格都会稳中有升。目前金融海啸冲击着整个市场，不少国家的央行也开始购买黄金。2009年，印度央行就从国际货币基金会购买了200吨黄金。

对个人投资者来说，黄金的投资也是最理想化的一种投资。

首先，投资黄金可以保值，甚至增值，从而抵御通货膨胀的危害。通货膨胀会让货币失去原有的购买能力，而黄金作为一种稀缺资源，其价格会随着货币购买力的下降而升高。我们来看这样一个例子：在100年前，1盎司（约31克）黄金可以在伦敦订制一套非常体面的西装；但是100年后的今天，1盎司黄金同样可以在伦敦制作一套上好的西装。当股市处于震荡期时，黄金也许是最好的财富“避风港”。

其次，黄金产权的转移比较方便，可以说是最好的抵押品。房产的转让需要办理过户手续，办理起来非常麻烦；股票的转让要缴纳一定的佣金和印花税……但是黄金的转让相对来说就非常简单，没有任何复杂的手续来阻碍。比如某人想要给子女一些财产，比起过户复杂的房子来说，黄金无疑是最好的选择。

现在市场上的黄金品种很多、很杂，主要有交易所金条、纪念金币、黄金凭证、黄金期货这四种。到底哪一种才是最适合自己的，这需要根据个人的偏好、对黄金市场的了解和对风险的承受程度来决定，在这里可以做一个简单的分析：

第一，投资金条有其优点，它不需要佣金和相关的费用，流通性也很强，可以随时兑现；但是也有一些缺点，金条会占用一部分现金，在保证黄金实物安全方面存在风险。

当然，购买金条还需要注意选择购买知名企业的金条，然后妥善保管单据，并且对金条要妥善保管，不要因为外观、包装的改变而影响到它之后的转手。

第二，投资纪念金币虽然有着很大的增值潜力，但是投资起来有一定的难度，最起码要有专业的知识，对品相的鉴定和发行数量、市场意义等都要有所了解，对交易的机构也要有所选择，尽量选择那些信誉较好的机构。

第三，黄金凭证也就是纸黄金，是国际上比较流行的一种黄金投资方式。银行和一些黄金销售商都提供这种凭证。这种投资避免了投资者储存黄金的风险，但是黄金凭证占用投资者的大量资金、一次性提取数额较大的要提前预约、黄金凭证的信誉度不高等都是这种投资的弊端，所以投资者在投资的时候还是要按照自己的实际情况来选择。

第四，黄金期货有着很大的风险，对专业知识以及大势判断能力要求较高，投资者在选择的时候要做足功课，建议初入股市的投资者不要选择这种投资方式。

稳中盈利：银行基金

基金是什么呢？基金其实就是将一些资金不多、不懂股票，但又想搭上股票顺风车赚些钱的散户们的钱集中起来，然后交给专家投资的一种投资方式。假如某位投资者有一部分不太多的闲钱，他想将这些钱投资之后使其增值，但是自己没有足够的精力去打理这些事情，也没有足够专业的知识来支撑，这时就可以找几位合伙人，然后选择一位高手，让他操作大家的钱从而使其增值。但在此期间每个合伙人都去找这位高手沟通的话，就会很麻烦，于是这些合伙人中就要推选一位较为懂行的牵头人去和高手交涉，并负责从大家的投资资产中抽取一定的提成作为高手的劳务费；当然这位牵头人跑前跑后很是辛苦，大家也不能让他白干，所以还要给他付一定的报酬。

上述这种方式其实就是合伙投资。假如这种合伙投资经过了国家证券行业管理部门（在我国是中国证券监督管理委员会）的审批，允许他们选出的牵头人向社会公开招募投资者一起投资，那么就是发行公募基金了。这就是人们经常见到的证券投资基金。

证券投资基金是一种常见的证券投资方式，通过发行基金份额，集中投资者的资金，由基金托管人托管，由基金管理人管理和运用资金，从事股票、债券等金融工具投资，并将投资收益按基金投资者的投资比例进行分配的一种间接投资方式。它的特点是利益共存、风险共担。

为了对投资者的资产进行保护，避免这些资金被基金管理公司挪作他用，中国证监会规定，基金的资产不能由基金公司管理，基金公司以及基金经理的主要工作是负责交易和操作，他们自始至终都无法接触到资金，而管理钱财的工作则是由一位擅长此事而信用又比较高的角色来负责，显然这个角色就是银行了。这些资金将会放在银行中，然后专门建立一个账户，委托银行管账和记账，这就是基金托管。当然银行要从中收取一定的劳务费，一般是按年支付。所以基金几乎没有风险，其风险在于投资高手的操作失误，基金的资产被挪用的事情很少发生。从法律的角度来说，即便是基金管理公司倒闭或者委托的银行倒闭，向它们追债的人也没有权力动用这部分基金资金的，所以说基金资金绝对安全。

证券投资基金在我国虽然是刚刚起步，但是发展的势头非常好，种类也非常多。按照不同标准，可以将证券投资基金划分为不同的类型，投资者可以选择适合自己的基金。

第一种是封闭式基金和开放式基金：根据基金规模和基金存续期限的可变性，可以将基金划分为开放式基金和封闭式基金。

所谓的封闭式基金事先确定了发行的总额，在封闭的这段时期内基金的单位总数保持不变，等到基金上市之后，投资者可以通过证券市场买卖或者转让基金单位。

开放式基金是指基金发行总额不固定，基金单位总数随时增减，投资者可以按基金的报价在规定的营业场所，根据法律法规及基金契约等约定的程序和内容，申购或者赎回基金单位的一种基金。

封闭式基金与开放式基金有着很大的区别：

1. 对管理人的要求和投资策略不同。封闭式基金的管理人并没有随时要求赎回的压力，基金管理人可以选择长期的投资策略；开放式基金可以随时申购，所以需要保留一部分资金，方便投资者随时赎回，所以长期投资很难实现，受到一定的限制。

2. 基金规模和存续期限的可变性不同。封闭式基金的规模固定不变，而且有明确的存续期限；开放式基金发行的基金单位可以赎回，投资者也可以随时申购基金单位，基金的规模和存续期限可以变化。

3. 收益与风险不同。封闭式基金的收益主要来自二级市场的买卖差价和基金年底分红，其风险也来自这两方面；开放式基金收益则主要是来自赎回价与申购价之间的差价，其风险主要来自基金管理人的能力。

4. 影响基金价格的主要因素不同。封闭式基金单位价格受到市场供求关系的影响，而且价格起伏很大；开放式基金并不会出现折价的现象，这是因为其基金单位的买卖价格是以基金单位对应的资产净值为基础。

第二种是股票型基金、债券型基金和货币市场基金：按照基金投资对象的不同或者投资范围的不同，可以将基金分为股票型基金、债券型基金和货币市场基金三种。

1. 股票型基金。股票型基金的投资标的为上市公司股票，主要收益为股票上涨的资本利得，基金净值随投资的股票市价涨跌而变动。在三种基金中是风险最高的一种，自然可以期望的报酬也是最高的。

2. 债券型基金。债券型基金的投资标的为债券，以利息收入为主要收益来源，基金投资回报率会受到利率和债券市场价格变动的影响。一般情况下，预期市场的利率出现下跌，则债券市场价格上扬；反之亦然。很显然，虽然这种基金的风险较小，但是风险依旧存在。

3. 货币市场基金。货币市场基金的投资标的为流动性极佳的货币市场商品，比如期限为一年的存款、国债和回购等，它可以赚取稳定的利益，且风险较小。

第三种是公募基金和私募基金：基金的募集方式不同，则产生了公募基金和私募基金两种基金。

公募基金在上面讲过，其受政府的主管部门监管，向投资者公开开放，这种基金由国家法律严格监管，操作也比较规范，这种基金可以在银行网站、证券公司网站和各种基金营销机构进行销售，交易过程中可以随时看到其价格信息。

私募基金是一种非公开化的基金，其私下向特定的投资者募集资金。这种基金无法公开发行，我国现在对私募基金的立法还不完备，所以这种基金大多以投资公司、投资管理公司、投资咨询公司、资产管理公司等身份存在。不过这种基金的操作较为灵活，收益也比较高，风险也较大。

私募基金与公募基金相比，最大的不同是私募基金不受基金法律保护，只是受到民法、合同法等法律保护。换句话说，就是证监会不会保护私募基金投资者，有了问题也是自己想办法上法院解决。

第四种是公司型基金和契约型基金：根据基金的组织形式不同，基金可以分为公司型基金和契约型基金。

公司型基金依托于公司法成立，通过发行基金股份将集中起来的资金投资于各种有价证券。这种基金在组织形式上有点接近股份有限公司，基金公司资产由投资者（股东）所有，他们共同选举董事会，再由董事会聘请基金的管理者。这种基金需要在工商管理部门和证券监管部门注册，并且要在股票发行的交易所在地登记。这种基金的组织机构主要有：基金股东、基金公司、投资顾问或基金管理人、基金保管人、基金转换代理人和基金主承销商。

契约型基金又可以称为信托型投资基金，这种基金依据信托契约通过发行受益凭证而设立，其一般由基金管理人、基金托管人及投资者三方当事人订立信托契约。基金管理人可以是基金的发起人，通过发行受益凭证将资金筹集起来组成信托财产，并依据信托契约，由基金托管人负责保管信托财产，具体办理证券、现金管理及有关的代理业务等；投资者是受益凭证的持有人，他们通过购买受益凭证参与到基金投资中，从而享有投资收益。

第五种是特殊种类的基金，常见的有以下几种：

1. 可转换公司债券基金。这种基金投资于可转换公司债券。就算是股市低迷的时候也可以享受固定的利息收入；而在股市较好的时候，可以依据最初约定的转换条件，转换为股票。这种基金的灵活性很大，保障了投资者的利益。

2. 指数型基金。这种基金根据其投资标的，也就是市场指数的采样成分股及比重，从而确定基金投资组合中个股的成分和比重。目标是基金净值紧贴指数表现，完全不必考虑投资策略。只要指数成分股变更，基金经理人就跟随变更持股比重。这种基金操作简单，受到广大投资者的青睐。

3. 基金中的基金。很明显，这种基金的投资标的就是基金，并不是股票或者债券等。这种基金也可以称为组合基金。基金公司在集合了客户的资金之后，再投资自己旗下或者其他家基金公司目前增值潜力最好的基金，从而形成一个投资组合。

4. 伞形基金。这种基金的下面有很多投资于不同标的的子基金，各个子基金也是独立工作，只要投资于任意一个子基金，就可以随意更换到另一个子基金，其间不需要承担额外的费用。

5. 对冲基金。对冲基金其实是“Hedge Fund”，也就是风险对冲过的基金的简称，比如较为出名的索罗斯创办的“量子基金”就是典型的对冲基金。20世纪50年代初的美国就已经有了这种基金，当时的操作宗旨主要是利用期货、期权等金融衍生产品以及对相关联的不同股票进行实买空卖、风险对冲，这样可以在一定程度上规避风险。这种基金的基金经理人有充分自由的授权和资金运用权力，凡是其认为有利益的操作都可以进行。

第六章
货币与汇率
——汇率变动的蝴蝶效应

汇率的波动、货币升值和贬值的利弊到底都有哪些？如何对我们的生活产生影响？实际上，短期资本流动常常受到汇率的较大影响。当本国货币对外贬值，本国投资者和外国投资者就不愿意持有以本币计值的各种金融资产，导致资本外流。反之，当本国货币对外升值，本国投资者和外国投资者都愿意持有以本币计值的各种金融资产，引发资本内流。

如何成为世界经济强国，先从制造业说起

当年的日不落帝国英国、现在世界上唯一的超级大国美国、挑起两次世界大战的德国、创造亚洲经济奇迹的日本等都是依靠制造业崛起的。亚洲四小龙、四小虎以及东盟国家也都是依靠制造业来提升自己的国际地位的。一些老牌强国的衰落也是因为制造业的一蹶不振。制造业的兴衰影响着国家的经济地位，没有强大的制造业就没有强大的经济，经济强国就是一句空话。所以，我国在战略产业的选择上应该将振兴制造业作为重要的一步，坚决把制造业做大做强，只有这样才可以实现经济强国的梦想。

2008年之后，全球制造业的“作业单”非常令人失望，而美国、德国、日本等几大制造业中心更是拖了世界的后腿，这三国的制造业采购经理指数（简称PMI）在2008年12月均在世界平均水平之下。

稍微了解世界历史的人都知道，所有经济大国都是借助着工业化而起步的，没有了工业化尤其是没有了制造业的支撑，不可能有经济强国。

中国在过去30年里实行了改革开放，随着中国制造业的发展，中国迅速崛起。中国的制造业主要依靠低廉的劳动力和资源的优越性取得了显著进步，成为全球性的产品制造地，“made in china”随处可见。有人甚至将中国称为“世界工厂”，在500余种主要工业产品中，中国有220多种产品产量位居世界第一。中国已成为世界制造业第一大国。

其实中国自2008年以来，也遭受了近50年不遇的“寒冬”，制造业的危机一般来得很慢，去得也很慢，它会慢慢腐蚀整个经济。

2010年以来，资源的价格不断上涨、用工荒出现、汇率战、贸易战，以及通货膨胀的压力，使得中国制造业遭遇了严峻的考验。随后的几年，制造业一点都不轻松。

近几年来人民币不断升值，也是在不断地考验着中国制造业。虽然自2014年以后，美元走强，人民币开始出现温和贬值现象，但在这之前持续升值的余温仍然在倒逼着中国制造业加快转型的速度。

改革开放的30多年里，中国制造业有了显著的发展，两百多种工业产品产量位居世界第一，制造业净出品位居世界第一，到2014年底，制造业增加值在世界占比达到20.8%。而中国的这种庞大生产力每增长10%，就能够拉动全球经济增长一个百分点，在近20年里，中国的制造业增长速度位居全球之首，增速远远超过了美国、英国和日本。

虽然中国制造业目前发展迅速，但是制造业劳动生产率和人均增加值率与日本、美国、德国等工业发达国家相比还存在较大差距，劳动生产率不足这些国家的百分之十，这制约了我国制造业竞争力的提高。

从中间投入贡献系数来看，发达国家1个单位价值的中间投入大致能得到1个单位或者更多的创造价值，而我国却只有0.56个单位的新创造价值。增加值率是度量一个经济体投入产出效益的另一个综合指标，我国的增加值率虽然在不断提高，但仍然要比德国、日本和美国等工业发达国家低许多。

其实，中国制造业仍然处于世界制造业的中下游，我国出口的产品大多是技术含量较低、价格较低、附加值低的“三低”产品。同时我们却不得不进口大量高技术含量、高价格和高附加价值的“三高”产品。我国单位出口商品交换能力仍旧很低，而随着对美贸易的价格贸易明显恶化，这种能力变得更低了。

中国制造业虽然有很大发展，但是近些年正在遭受着重大挑战，低工资报酬、高能源消耗以及高额出口退税补贴的方式难以持续，随着原材料价格的上涨和人民币升值的压力，中国制造业正遭受着很大的危机。

中国制造业转型需要处理好三大问题：

第一，改变中国经济发展对出口市场的依赖，积极挖掘国内市场，从而寻求解决办法；第二，将重心转移到推进制造业和技术的升级上，避免中国制造业持续“三低”；第三，对外投资上，除了企业的利润最大化选择外，还可通过对外直接投资冲销外国对华直接投资产生的国际收支效应。

面对汇率风险，我们要怎么做

2014年下半年以前，受央行政策影响，人民币持续升值，而人民币升值会给企业带来汇率风险。

所谓汇率风险，其实是因为汇率波动导致的不同币种在汇兑时出现损失的一种可能性。为了应对这种风险，企业必须快速掌握比较适用的避险工具，并能够合理应用。控制汇率风险需要对未来的走势进行判断，在采取风险应对措施时，要冷静、理性分析汇率的波动幅度，凭借敏锐的判断能力、充分考虑自身的特点、认清环境，从而防范风险。

虽然近两年人民币对美元持续贬值，但可以预见，未来人民币对美元将仍然会缓慢地升值，当然并不是一次性大幅度升值。针对这一趋势，不管是进出口企业还是纯粹的国内企业都会受到汇率风险的影响，尤其是那些有进出口贸易的企业必然会暴露在交易风险、折算风险和经济风险中。纯粹的国内企业也会受到汇率风险的影响，这是因为国内企业的资源供应会受到汇率变化的影响而发生价格变动，或者国内企业的产品要与进口企业的商品进行竞争，这些进口商品的价格和数量变化都会影响到国内企业。

什么是企业汇率风险呢？

企业汇率风险又叫企业外汇风险，是指企业在持有或运用外币的经济活动中，因汇率变动而蒙受损失的一种可能性。涉及这种风险的企业主要是有进出口贸易的企业，他们获取利润的计价或者媒介使用的是外币，但是最终的收益还是要通过人民币来表现。

企业面临的汇率风险主要有三大特点：不确定性、或然性和相对性。

第一，不确定性，也就是说汇率风险带给企业的有可能是损失也有可能是赢利，这主要取决于在汇率变动时经济实体的地位是债权地位还是债务地位；第二，或然性，是指汇率有可能发生也有可能不发生，并不是必然发生的；第三，相对性，就是说汇率风险给一方带来赢利的同时也给另一方带去了损失。

企业汇率风险主要分为三大类：交易风险、折算风险和经济风险。

第一，交易风险。是指在运用外币进行计价收付的交易中，经济主体因汇率的波动而蒙受损失的可能性。所以企业在交易时，需要做到事前防御，建立合理的预警机制，有效防范；签合同的时候，应该以事实为原则，结合企业自身的情况，在合同中做出相关的约定，以保障之后出现汇率风险时可以随机应变。企业在选择计价货币时应该选择较为有利的，比如人民币、美元和欧元等；双方在签订合同时，应该达成“共担风险”的共识，共同承担风险带来的损失；外贸企业要采取进出口货币一致的原则，汇率风险可以在一进一出的过程中充抵一些。

第二，折算风险。这种风险又称为会计风险，是指经济主体在对资产负债表的会计处理中，将功能货币转换成记账货币时，因汇率变动而导致账面损失的可能性。这种风险出现的主要原因是功能货币和记账货币的不一致性所导致。面对这种风险，企业首先要设法使财务报表上的各种以功能货币表示的资产与负债相等，即努力使风险头寸差额为零；其次要尽量使用人民币交易，从而避免折算的损失；最后，有些企业为了消除折算风险，结果引发了交易风险，使得企业承担两种风险，其实这种时候最好是将汇率风险管理集中于交易风险和经济风险管理中，而对于折算风险只需要在资产负债表中说明当期合并赢利受到折算风险影响而升降的金额就可以达到较为理想化的状态。

第三，经济风险。这种风险又可以称为经营风险，是指意料之外的汇率波动使企业在生产成本、销售价格和销售数量等方面发生变化，并最终导致企业未来收益或现金流量减少的可能性。面对这种风险，企业的经营要多元化，也就是要在不同业务领域、不同国家和地区展开经营；另外财务也要多元化，主要是筹资多元化、投资多元化以及外币应收款与外币应付款多元化；同时还要努力提高出口产品的核心竞争力，尽量减少低档产品出口，真正意义上达到以质量、以科技取胜，这样可以不断提高自身防范风险的能力。

总之，在经济面临金融危机和汇率弹性加大的双重压力下，对于企业来说需要主动采取一些措施，如通过技术改革，不断提高产品的质量和科技含量或者通过谈判，维护出口产品的价格，提高自有品牌的声誉，从而拓展市场、增强国际竞争力。

在控制企业汇率风险方面，还需要遵循以下四项基本原则：

首先，积极创造良好的经营环境，在保证经营效益的同时略有汇兑盈余。风险不可能完全消除，只能尽可能做到控制。所谓的控制，无非是将自己不愿意或者无法承担的风险转化为自己愿意承担或者可以承担的风险。当然，高风险和高收益总是同时出现，所以企业在追求高风险的同时应该积极防范风险，不要将自己置于危险之中。

其次，对于汇率风险应该坦然面对，熟知保值工具，采取相应的防范措施，并对之后的收益或者损失有个合理的评价。企业在经营中受到汇率风险是很正常的，天下没有免费的午餐。企业每天都要面对交易风险、折算风险和经济风险，一旦外汇市场的汇率变动开始向不利于自己的方向发展时，企业就要遭受损失。所以企业要正确看待汇率风险，加强对汇率风险的预测，准确推测汇率的发展趋势。

第三，企业外币资产与负债的调整需要对本币和外币的变化趋势和时限有所把握，这样可以有效控制汇率风险。汇率所带来的风险不可能消失，与其被动接受风险，还不如主动采取措施合理规避风险或者将风险控制在自己可以接受的范围内，因此企业需要不断调整外币资产负债结构。

最后，企业需要遵循“收硬付软”的原则，也就是说出口合同尽量以硬货币计算，比如美元、人民币；进口合同则尽量以软货币来计算。对外借款时要选择将来还本付息时趋软的货币；而对外投资的时候尽量选择收取本息时趋硬的货币。在交易风险时，一种外币趋向升值会导致付汇损失，对收汇有利；而一种外币趋向贬值会导致收汇损失，对付汇有利。所以企业需要根据自身的情况，实现收汇和付汇币种的多元化，多保留一些货币种类，与进行外汇收支的币种、规模、期限匹配，从而防止币种单一所造成的汇率风险。

无论是个人、企业还是政府在遭遇风险时，一般只有三种选择：留存风险、分散风险和转移风险。

第一种是留存风险，也就是自己独自承受风险、消化风险，而不向别人请求帮助。当然这种选择是基于自己拥有足够强大的实力，而且有面对风险的魄力。

企业抵御风险是一个任重道远的工程。企业首先要做足内功、突破瓶颈，尽量做到能够内部消化风险。而只有积极提高自身的竞争力、提升品牌影响力、创造产品附加值，让自己足够强大，才能够有效抵御风险。

企业想要将风险内部消化，还需要注意以下几个方面：

首先，优先采用内部对冲。企业面对汇率风险进行管理时，最先应该考虑汇率风险的自然对冲，也就是实现匹配同种货币的流入与流出。内部对冲的成本和风险都是最小的，它不需要企业之外的各方参与，主要包括净额结算管理、预先支付、延迟支付、重组、调整价格等做法。

其次，通过加强资金运营管理从而稳固企业的发展。

1. 选择可自由兑换的货币有助于外汇资金的调拨和运用。可以自由兑换的货币是指在我国有人民币牌价的外币，主要有美元、欧元、日元等。在签订合同的时候，需要认真选择合适的币种。当然也可以直接用人民币作为最终的交易货币，所以就需要关注外币汇率的变化趋势，从而防止预判的误差。

2. 对涉外应收账款进行管理，尽量缩短收账的时间。国际上，各国的企业对收账款都比较重视，如果拖的时间长了，这部分账款坏账的可能性就很大，所以我国企业也应该重视这部分账款的管理。

3. 对自己的交易对象有较深入的了解。在全球经济一体化的时代，国际间的交易日益增多，一个企业要想成功在决策时就应该具有国际眼光。

但是，现在国际社会政局动荡、军事冲突不断，我国企业在做交易的时候应该尽量避免这些国家和地区的企业。

第三，不断加速产业升级，逐渐提高产品的竞争力。

现今我国出口的商品中有一部分是低附加值的产品，随着人民币的升值和外贸政策的变动，这种产品在国际市场上很难有竞争地位，会处于劣势，这就需要我国企业不断提高科技的投入力度，改造现有的设备，提高产品的档次。

第四，建立集中的外汇资金管理机制。

这种方法也是较为有效地控制汇率风险的途径之一。一方面，企业应该建立外汇资金集中管理的组织和信息平台，企业统一执行外汇管理政策和风险管理制度，发展包括所有币种、集团内部所有单位参与的广泛的内部结算网络，实现全面的外汇净额结算。另一方面，在遵守现行外汇政策的同时，最大限度发挥企业统一调剂外汇资金的优势，集中进行头寸平衡和风险控制。

最后，打响品牌，创造属于自己的国际品牌。

现在的国际竞争形势日益激烈，国家的经济发展水平与该国企业的品牌有很大关系。品牌可以展现一个国家的经济实力和科技创新能力；可以有效整合资源，帮助企业打开市场，可以说是引领经济发展的一面旗帜。

品牌是企业在发展过程中最为根本的要素，是企业提高核心竞争力的关键。一方面，培育品牌的过程就是提高经济实力的一个过程。目前我国虽然经济形势很好，但是经济能力并不强，主要因为低端产品太多，知名品牌较少。所以我国经济要想发展，就需要努力在这方面大力发展，将中国从低端的经济模式转变为技术含量较高的模式；另一方面，培育品牌也是做强企业、影响产业的过程。品牌经济是市场经济发展的必然结果，比如百事可乐虽然没有太大的技术创新，但是他们可以引领行业发展几十年，靠的就是品牌的经营。因此我们需要提高品牌意识，努力推动中国经济的发展。同时，培育品牌的过程还是提升企业竞争力的过程。中国改革开放的30多年里，制造业有了明显进步，质量已经大大提高，但是价格却与其他国家的产品有很大的差异，主要原因就是缺乏品牌。比如耐克、阿迪达斯这些品牌的很多产品都是在中国国内制造的，污染了我们的环境、浪费了自己的资源，却只能获得很低的加工费。面对这一问题，我们要大力发展品牌经济，尽可能创造属于自己的国际品牌。

第二种是分散风险，这种情况对于非系统风险有着较好的效果，但是对于系统风险效果就没有那么明显了。

我们可以通过以下几个方面，来规避分散风险。

首先，在交易的时候尽量选择人民币进行结算。

从2009年7月开始，跨境贸易人民币结算在上海等5个城市试点开始，人民币作为国际贸易计价货币是人民币国际化进程翻开了崭新的一页。国内企业如果想从根本上杜绝汇率波动带来的危害，就需要在国际贸易中尽量争取采用人民币进行结算。人民币跨境自由流动政策现在已经开放，人民币结算也已经从部分试点城市推向全国，通过人民币进行交易，可以在极大程度上降低国际贸易成本。

其次，无法使用人民币进行结算的时候，可以选择一些有利的计价货币。

支付货币的选择可以保证企业的利润收入，甚至有可能带来额外的经济效益。现在选择较多的主要有美元、欧元、日元等，这种选择可以更方便地将外汇风险转嫁。企业在签订合同的时候，应该坚持“收硬付软”，也就是说，出口和持有外币资产时以硬货币计值，进口和借取外债时以软货币计值，这样可以较好地避免汇率波动带来的损失。

第三，在交易时要懂得利用合理的贸易手段。

合理的贸易手段主要包括：

1. 借助协商，确定价格，从而将汇率风险转嫁出去。近些年人民币对美元一直在升值，所以企业在出口报价的时候应该从长远角度考虑，争取得到外商理解，适当调整出口商品的价格，从而转嫁汇率风险。尤其是在面对金额较大的订单时要增加汇率变动损失分担的约定。大量实践证明，这种方法很多外商是愿意接受的，避免了汇率风险带来的损失。

2. 对贸易进程进行控制，提前或延期结汇或付汇。在进行出口贸易时，如果计价货币在升值，那么企业就应该在合同的期限内延迟出货；如果计价货币正在贬值，那就应该争取提前结汇。进口贸易则完全相反。

3. 对贸易结构进行改变，从而有效对冲风险。为了规避汇率风险，企业应该对进出口贸易结构进行调整，同一时间段内，尽量减少出口结汇和进口付汇的差额，将收到的出口外币货款直接支付进口货款，从而起到风险的有效对冲。

最后，借助结算工具规避风险。

这种结算工具主要包括打包贷款、出口押汇、进口押汇等。

第三种就是转移风险，也就是付出一些损失，然后将风险转交给别人，让别人承担风险，这种做法很有可能在转移风险的同时将收益也转交了出去。

现在全世界都面临着汇率风险管理的难题，随着人民币的不断升值，我国一些企业持有的外币资产和负债随时都有因风险而遭受损失的可能，不过通过人民币跨境贸易结算、远期外汇交易、远期结售汇、出口宝、三角模型汇控等转移汇率风险的措施，可以有效帮助我们规避风险、减少损失。

首先，利用合同签订条款。

如果企业能够对未来的汇率变动有一个准确的预期，那么就可以在签订合同的时候增加一些条目，从而规避风险。企业在进行对外贸易时，可以和外商进行协商，在合同的价格条款中规定使用固定汇率，如果日后汇率变动较大，就可以按照合同或者在合同规定的一定范围内进行浮动，从而使企业尽量减少损失。不过企业如果无法对未来的汇率有准确的预期，那就可能遭受损失。

其次，对金融衍生产品做到有效利用。

按照当前的国际形势，全面采用人民币进行国际结算的可能性很小，所以企业在对外贸易时要懂得利用金融衍生产品，比如外汇期权、货币互换、期货合约、远期合约、期权合约、利率互换等都可以有效规避风险。通过利用上述金融衍生用品，可以有效管理市场中出现的不利情况，从而锁定汇率或控制汇率波动带来的风险。

最后，加大金融创新力度。

1997年，央行同意中国银行办理远期结售汇业务；2005年，我国的外汇市场在外经贸企业与几家外汇指定银行之间的远期结售汇交易的基础上，推出了银行之间的远期外汇交易市场；2008年，黄金期货在上海期货交易所挂牌交易；2009年，跨境贸易人民币结算试点开始；2010年，中国人民银行与白俄罗斯国家银行签署了《中白双边本币结算协议》；2012年，中国工商银行与东亚银行在北京完成收购美国东亚银行80%股权交易的交割，正式控股美国东亚银行；2015年，中国人民银行与瑞士国家银行签署合作备忘录，就在瑞士建立人民币清算安排有关事宜达成一致……随着这些重大事件的发生，我国的金融机构已经开始与世界金融业接轨，为我国企业提供更好的理财产品和避险工具。

人民币汇率变动：牵一发而动全身

人民币的升值对世界经济的走势有很大影响，对中国13亿百姓的神经也是一种拨动。假如人民币升值的趋势不减，那么会对我国老百姓的生活有什么影响呢？美国现任总统奥巴马曾经说过，人民币的升值符合中国的长期利益；索罗斯也说过，人民币的一次性升值可以预防热钱进入中国，从而抵制中国的通货膨胀，真的是这样吗？

那些原本生活就很富裕，而且经常出国，或者处于中上阶层，已经拥有较高资产的国人来说，人民币的升值对他们有一定的好处。也就是说，人民币的升值可以让现在过得比较好的人过得更好，但是另外的那部分人的生活品质就难以保障了，这样会拉大中国的贫富差距。其实，近些年，人民币兑换美元大概上升了20%。

人民币汇率的变动我们看不到，也摸不到，但它确实实在在地存在，直接或者间接地影响着我们的生活。那些经常出国的人会感觉到人民币升值的好处，他们在海外买东西的确可以便宜不少。但是对于长期生活在国内的人来说，短期内人民币的汇率波动仅仅是一个数字的变化，他们并不会有直接感受，从长远来看，人民币不断升值可能会引起失业、财富缩水等情况，他们的生活会遭受到影响。下面，我们来具体看一看人民币汇率的变动对中国经济的影响。

首先，来看看人民币升值对我国经济的影响。

第一，人民币汇率的升值对我国经济的正面影响。

最通俗地理解，人民币的升值可以提高中国的国际地位，一个国家币种的升值和贬值与一个国家的国力强弱有着很直接的关系。人民币的增值可以提高国外对人民币以及中国的信任度。人民币作为一种坚挺的货币，将进一步影响其在周边地区以及全球的流通，并且最终成为国际化的货币。人民币的升值在一定范围内可以反映中国综合国力的增强，可以改善吸引外资的环境。

同时，人民币升值可以刺激进口，对我国的贸易条件将有很大的改善。随着贸易顺差的加剧，我国的贸易条件一度恶化。根据调查，我国进口商品的价格与出口商品的价格比值正在提升，说明我国的一些国民福利正在向外流失。人民币的升值会对进口产品的价格有所影响，尤其会降低原材料和高级设备的价格，使得一些原料依赖进口的厂商的成本有所下降，有利于这些企业引进技术，不断创新产品。

另外，人民币升值可以优化我国对外贸易的商品结构。从产业结构来说，我国现在出口较多的商品大多是一些附加值较低、技术含量较低的商品，这些商品不仅浪费我国的资源，而且还会给我国带来巨大的环境污染。而人民币的升值会迫使生产这些产品的厂商或是退出这个舞台或是积极提高生产技术，增加产品的附加值和技术含量，这对我国产业结构的提升有促进作用，我国现有这种劳动密集型企业居多、产品技术含量低、加工时间短、增值空间小的生产模式将会被打破。

人民币升值将会引起国内竞争的激烈，能够加快企业走向世界的步伐。德国、日本等一些国际品牌也是在经历了本国货币升值之后才成长起来的，本国货币的升值可以促进企业之间的优胜劣汰，可以促进企业不断创新，从而实现可持续发展的意义。

最后，人民币升值可以吸引外商在华投资。人民币升值后可以让在华外资企业的利润增加，从而提高来中国投资的信心。

第二，人民币汇率的升值对我国经济更多的还是负面影响。

最直接的影响就是增加了国内就业的压力。我国现在正处于社会主义初级阶段，经济发展相对来说比较缓慢，经济整体也比较落后，人民币升值将会直接打击到出口，从而影响就业，失业人口增加，甚至一些企业会对劳动力的要求降低，从而使就业状况开始恶化，甚至会造成很大的社会问题。人民币升值之后，经济的增长速度将会放缓，劳动力市场将会供过于求，竞争将会加剧，工资不会上涨，就业压力无法缓解。其实我国的一些进出口企业很大程度上缓解了国内的就业压力，但如果人民币升值，就会对这些企业的经营状况造成影响，自然也会冲击就业环境。另外，人民币的升值会导致中国非贸易品主要是土地和劳动等生产要素的价格上升，这将大大减弱国内的需求，给就业市场带来极大的负面影响。

同时，人民币的升值还将抑制我国的出口。外贸出口企业的贸易大多都是以美元来结算的，一旦人民币升值，就会减少出口，从而导致外贸的赤字增加或者顺差的减少。一方面，我国的出口企业成本会有所提高；另一方面，国际市场价格保持不变的前提下，出口企业为了维持一定的利润，将会提高价格，这两方面的共同作用下，出口商品的国际竞争力将会大大减少。出口利润的降低会对出口企业的积极性有所影响，本国商品价格的升高，国内对外国进口商品的依赖和消费也会提高，本国商品的消费就会降低，这对国内的一些劳动密集型企业有很大的伤害。

最后，外币资本因为人民币的升值而大量进入我国的资本市场，将会增加我国的外债规模。

其次，再来看看人民币贬值对我国经济的影响。

第一，人民币汇率的贬值对我国经济的正面影响。

一般来说，人民币汇率的贬值对出口有利，国内商品价格降低，其实相对来说国外商品的价格就提高了，这样出口商品的价格就有了竞争力，从而有利于扩大出口量，可以促进贸易收支的改善。但千万不能盲目认为依靠贬值就可以绝对意义上改善贸易出口情况。

另外，人民币汇率的贬值可以改善国民的收入，在贬值的情况下，将会刺激国内外居民对中国产品的需求，从而有利于改善自主性贸易余额，提高我国国民的收入。

第二，人民币汇率的贬值对我国经济的负面影响。

人民币汇率的贬值会出现贸易收支差额，外汇的储备将会增加，这会使央行通过购买外汇而投放的基本货币增多。一旦国际储备增多了，就很有可能导致国内物价的上扬，这样对贸易收支的变动有很大影响。

汇率与日常生活

几十年前，对于中国的普通百姓来说，“汇率”这个词语还很陌生。到了经济全球化的今天，“汇率”、“人民币升值”、“汇率浮动”等这些词语对普通老百姓来说已经不再陌生，因为它影响已不仅仅是国与国之间的货币兑换，还更多地出现在人们的生活中。近两年来，虽然人民币有升有贬，但在2014年以前的持续升值，却透露出很多信息。从短期效果来看，人民币升值使得百姓口袋里的钱更加值钱，出国购买东西更加便宜了、出国留学的可能性也增大了，但从长期来看，弊端有很多。

我们来看一个颇具讽刺意味的现象——很多深圳人居然赴香港打酱油。

1986年1月11日，新华社香港分社播发的一则电稿称“到深圳买菜的香港人，平均每天两万”；“因为深圳农贸市场所零售的蔬菜、瓜果、肉类和海鲜等都比香港便宜，所以很多香港居民在休假的时候，更愿意由九龙乘坐火车经过罗湖海关到深圳的集市采购鲜活农副产品”。

2009年4月，香港对深圳居民的往返放宽了政策，每个月他们可以赴香港至少一次甚至数次。以往是香港人经常到深圳来买东西，而现在很多深圳人更愿意到香港去买东西，去“扫货”。

自2010年以来，更多深圳人喜欢到香港购买奢侈品、名牌产品，甚至去香港购买食品、日用品等。在内地物价不断飙升的今天，香港和深圳人民的消费生活正在发生着戏剧性的变化。

很多赴港购物的人都在感慨："什么东西的价格都在涨，就工资没有涨，现在香港的日用品比内地都要便宜很多了。"

一方面，国内的进口关税、增值税等拉大了物品价格，而香港并没有相关征税，所以在香港购买一些进口的货物要便宜一些，去香港买东西相当于打了一个大大的折扣；另一方面，由于那段时期内人民币不断升值，而与美元挂钩的港币相对来说贬值，所以人民币在港澳等地非常受欢迎。

根据深圳沃尔玛和香港百佳超市2010年11月17日所做的调查，香港的酱油真的比深圳的要便宜很多，比如某品牌的酱油在深圳售价是每1.26升卖16.8元，而在香港则是每1.8升卖13.9元，折合人民币就是11.96元。显然人们更乐意去香港购物。

人民币升值对于普通老百姓来说，最直接的感受就是出国购物便宜了很多，不管是欧洲、美国还是澳大利亚、日本、韩国等，只要是出国，购物就会便宜很多。所以更多的人选择出国购买奢侈品。尤其是一些进口汽车、高档服装和化妆品，在国外可以以较低的价格享有，慢慢地也就形成了一种趋势，人们开始从国内消费转为进口消费。

我们来看这样一个真实的例子。2006年时，刘同学到英国剑桥大学留学读书，当时人民币和英镑的比率接近1：15，刘同学交完学费之后，就会省着花自己的钱，她就像很多出国的学生一样，会自己买菜做饭，很少出去吃饭。

而等到2009年，刘同学再到英国读研究生的时候，人民币和汇率的比率为1：10，很多国内媒体通过计算发现，人民币在强势升值后，为留学生节省了将近1/3的费用，由原来每年需要30万~35万元的花费，到现在的每年20万~22万元。

刘同学曾经举过一个吃饭的例子。以前一顿午饭要5英镑左右，折合人民币就是75元，她想还是算了，自己做的话会省一些；现在一顿午饭虽然要5.75英镑，但是折合人民币也就是60元钱，相对来说还是节省了一些，所以现在她在外边吃饭的次数多了很多。

除了饮食之外，刘同学还曾讲到了衣服和化妆品。她讲道："这些东西本来就比国内便宜，再加上人民币的升值，真的可以用'物美价廉'来形容了。"

除了像刘同学这样常年在外的人之外，一些偶尔出国的人也感受到了人民币升值带来的便利和优惠。刚从国外回来的李先生就讲道，这次出国比以前花费明显优惠了很多。

很多出国消费的人，或者出国学习、旅游的人都会思考，到底是换大量外汇带在身上好，还是带一张信用卡出门好。作者建议出国的话少带一些外汇现钞，而是带信用卡，尤其是大宗消费尽量使用信用卡，这样出国的消费可以回国之后用人民币来还，由于人民币对美元和欧元都在升值，同样的一件商品在国外买，然后回国还人民币可以节省一笔开销。

现在，持卡消费是一个很不错的选择，同时也是较为明智的选择。但是持有的卡和卡的使用方式方面还是有一定学问的。如果在人民币升值的背景下，巧用信用卡可以为自己节省不少开支。比如，持卡人在国外消费完之后，回国用人民币偿还，而汇款的时候是按照升值之后的汇率来偿还的，相当于同一件商品在人民币升值之后价格相对降低。但是，如果是去日本，那就尽量带外汇现钞，而少用信用卡，因为日元对人民币也在持续升值中，如果当月的消费下月再去还的话，或许会有一定的损失。

境外消费善于用信用卡，在人民币升值的背景下可以节省不少钱。

首先，可以为我们节省境外汇款的费用。如果有子女准备出国留学，就可以选择为孩子办理一张有主、副卡的国际卡，让孩子拿着副卡在国外消费，而父母可以拿着主卡，专门在国内按照约定还款，这样不仅可以及时掌握子女在国外的消费和开支情况，而且还免除了境外汇款的手续费用。

其次，可以节省外币的兑换费用。根据自己出国的国家不同，可以选择当地的本币国际卡进行消费，这样可以避免多重外币兑换，在此中可以节省大约1.5%~2%的外币兑换费用。比如可以选择具备美元、港币、英镑等多种结算货币功能的国际卡，假如在英国消费就可以直接使用英镑作为结算货币，而归国之后就可以选择英镑或者人民币之间还款，而不用在英镑、美元、人民币之间兑换。

再次，汇率的波动风险可以提前确定。现在人民币的汇率波动较大，在境外消费选择国际卡结算可以根据汇率短期的波动规律从而确定还款时间，从而可以以较低的汇率来全额还款。现在人民币在持续升值，假如一件商品购买的时候是100美元，当时可能是人民币680元，可能到还款日的时候就只需要675元了，这样可以节约一些开支。

第四，在境外购物可以直接退税。欧洲和美洲的一些商品价格中包含着一定的商品消费税，只要在离开境外的时候在退税窗填写退税表格，并且选择对应的国际卡卡号，只要符合退税条件的货物就可以退税。

最后，消费卡消费可以拥有消费的积分。现在信用卡消费都有积分，很明显积分越多，现金的折扣就越多，消费积分一般都可以换成航空保险、飞行里程和信用卡年费等，这其实也可以为我们节省一定的开支，另外还可以时不时参加抽奖、获赠赠品等活动。

随着人民币的升值，越来越多的人开始选择代购这种购物形式。

很多人都在怀疑可以在自家门口买到想买的商品吗？现在满足普通的衣食住行已经不是人们的追求目标了，很多国人都有了更高的消费目标，越来越愿意买售价更高的高端商品。但是很多高端商品在国外的价格要比国内的价格低很多，所以一些可以出国的人在国外大量购买商品，而在国内的人则可以选择网络代购的方式。

在人民币升值的情况下选择出国留学，可以节省一笔不小的开支。有人算过，现在出国留学至少每年节省4万元人民币。因此，人民币的升值对于准备出国的人来说绝对是利好消息。当然在出国前还需要掌握汇率这门课程。

其实现在很多家长都想将孩子送出国，但是因为费用的问题在纠结。人民币升值之后，我们手中的钱更加值钱了，留学的门槛降低了，很多家长和学子的梦就可以实现了。根据一家留学中介机构的数据显示，在美国读大学的生活费和学费一年大约需要30万元人民币，而在人民币升值的影响下，这笔费用大概在25万元，也就是说四年大学读下来，可以节省将近20万元。

当然出国还需要看对象国，人民币对日元和加拿大元其实是贬值的，所以到这些国家出国费用反而是增加了，还有一些国家的货币和人民币的升值几乎是同步的，所以去这些国家也要注意。

那么我们就具体看一下，在人民币升值之后，去哪个国家出国留学较为有利。

去美国留学，我们读大学几乎每年都可以节省4万元左右。现在去美国读书已经不仅仅只是有钱人的梦想了，在费用方面比起以前来说已经节省了很多。最近人民币和美元的汇率是6.6：1左右，这已经和澳大利亚元差不多了，也就是说，现在留美读书的费用和留学澳大利亚的费用差不多，不过，从教育质量和教学含金量来说，美国的大学自然更受学子们的青睐。

不过，一些留学专家指出，虽然人民币升值了，可以节省一定的费用，但是这种节省完全跑不过上涨的学费，有些学校也因为汇率的原因有意将学费上调，所以在留美的时候应尽量选择较为可靠的大学。

去英国留学，英镑的相对贬值可以抵挡上涨的学费。2005年初英镑对人民币的汇率是1：15.5，而2016年初是1：9.22左右，汇率明显降低了很多。但是英国的一些大学学费明显有所上涨，比如英国的商科学费从2005年的每年1万英镑涨到了现在的每年1.25万英镑。2005年留学英国每年的花费大概在26.3万人民币左右，2016年则是18万元人民币左右，所以学费虽有上涨，但是整体上说还是降低了很多。

去日本留学，费用虽然在涨，但是比欧美还是要便宜。日元对人民币的汇率也在下降，幅度虽然很小，但是2016年也达到了1：0.057。一些留学专家认为，大多赴日留学的中国学子都是从语言课程开始学起的，以东京语言学校的学费来说，一年的学费大概是在70万日元，由于汇率的影响，赴日中国留学生每年的学费上涨了将近6500元。日本一些普通公立大学第一年的学费大约是在85万日元，而一些私立大学第一年的学费在110万日元左右。到了第二年学费会下降一些，普通公立大学的学费大概是60万日元，而私立大学大概是在80万日元，学费的上升幅度也会更低。虽然日元汇率的走高增加了留学日本的费用，但是相比较欧洲和美国来说，价格还是要低很多的。

去澳大利亚留学，因为升值苦了一批留学生。在最低谷时期人民币和澳大利亚元的汇率一度为4.2：1，到2016年则为4.8：1，而本科生在澳大利亚的生活费和学费的总花费在15万元人民币左右，面对升值，每年需要增加几万元的人民币。另外从2010年1月1日开始，赴澳大利亚留学的生活费担保由以前的每年1.2万澳大利亚元升到了现在的1.8万澳大利亚元。现在澳大利亚一些比较知名学校的学费都在以每年5%的比例增长，加上汇率的持续走高，赴澳大利亚留学已经越来越不划算。

国内很多人选择旅游也开始首选境外。近些年来，国人的境外旅游热情极度高涨，出境游玩的人越来越多，人民币升值无疑对他们来说是非常好的消息。

人民币升值对打算出国旅游的人带来了很大的方便，他们可以选择用美元结算团费，在旅游过程中购物也便宜不少，需要的费用将会直线下降。

一方面，通过人民币可以换到更多的外币，在境外消费就会更加积极，同时境外一些旅游区也更欢迎中国人去旅游。一些旅行社的消息显示，现在到港澳旅游的双飞价格只有1000块左右，这个价格显然低于海口和三亚。另一方面，人民币的升值导致国外人士到中国的旅游费用增加，这对来中国旅游有一定的影响。

综上所述，人民币的升值，对于境外留学和旅游都有一些利好，但是对于一般的中国人来说出国留学和出国旅游并不是生活的全部，甚至几乎触及不到，所以这些对普通的老百姓来说并没有什么影响。其实普通老百姓更多看到的是工资、医疗和社会保障方面的问题。就算国外有再大的优惠，毕竟生活都是在国内进行的，面对人民币升值的问题，国人应该看到经济大局，不要被表面上的便宜蒙蔽了双眼，从而大手大脚花钱，这一点是不值得提倡的。

人民币到底该不该升值

人民币升值这件事情好像和我们老百姓没有多大关系，但其实并不是这样。从短期来看，人民币升值之后，老百姓的钱更值钱了，无论是境外旅游还是出国留学都能得到更多实惠，但是从根本上来说，并不是一件好事。从宏观经济角度来看，人民币升值之后，外商会减少在中国的投资，国外旅客来中国旅游和消费的量也会有所减少，而进口商品则会大量涌入中国，从而迫使国内的一些企业做出调整，很多人也许会因此而失业，也有一些人的收入会明显减少……

曾经有经济专家做过分析，他说："汇率的扭曲会对进出口产生很大的影响，也会影响到个人的储蓄和投资，所以调整汇率很有必要。汇率可以损人损己，也可以利人利己。如果能够均衡汇率，就可以做到利人利己；而脱离了均衡的汇率则会损人损己。"

下面，我们来具体看一下汇率的波动对我们的影响有哪些。

首先，会带来个人财富的缩水。

2010年中国GDP总量跃居全球第二，人民币是当时最安全、升值预期最大的强势货币。尽管国家的经济有所复苏，而老百姓财富缩水的幅度在2010年上半年却是全球第一。那么，人民币升值到底有哪些影响呢？

一方面，人民币的升值会带来输入性通货膨胀，这就加剧了国内居民的财富缩水，物价不断上涨，就像一把利剑，工资根本跑不赢CPI。另一方面，一些定居国外的华人，如果准备回国就会遭受财富大量缩水。

同时，人民币的升值还会导致整个国家的财富缩水。短期来看，人民币的升值让老百姓的钱变得更值钱了，但其实对整体的国家经济层面，我国巨额的贸易顺差和外汇储备在人民币升值后面临缩水危险；出口产品的国际竞争力也会相应受到影响，出口的产品会大幅降低；对于就业方面也会有很大影响，因为就业不稳定，老百姓的收入也无法保障了。

其次，老百姓相关资产有所上涨。

人民币的升值除对老百姓的海外求学、境外旅游有影响之外，还会对老百姓的金融资产及商品价格（如房产）有所影响，会出现不同程度的上涨。人民币的升值可以提高国内金融资产的相对市场价格，从而对金融市场的结构进行调整，当其他条件没有变化时，上述因素会让人民币拥有者获得较大的财富效应。

人民币的升值可以引起国内资产价格的上涨。现在很多国家都看好人民币升值的潜力，但因为人民币存款的利息较低，如果仅仅是将外汇换成人民币，在通货膨胀的影响下，其实是没有利润的。假如将其换成房地产等投资效益就会好很多。国际热钱源源不断流向中国，不断炒作中国的房地产，短时期内中国的房价升得很高，但是一旦外资撤离，中国的房地产泡沫就会破碎，这对中国的打击实际上是很严重的，即便是有房一族也会被房产套牢。所以在人民币升值的大背景下，最好的选择就是直接买入房产或者购买相关股票，这样自己的资产才可能有所提高。

经济学家们分析，人民币的升值本来是有利于抑制国内商品价格的，但是实际上并非如此。因为在人民币升值预期下，在短时期内会导致进口的减少和出口的增加。我们分开来看：一方面进口会减少。人民币的升值就意味着其他币种的相对贬值，人民币的升值有利于进口物美价廉的商品和原材料，所以进口商会推迟换汇时间和减少换汇额度，开始观望，从而导致了进口的减少。另一方面出口会增加。人民币尚未作出调整之前，出口商会趁着竞争力尚未消失殆尽的情况下增加出口，等到取得外汇后，会以最快的速度结算给国家，从而减少持有风险，从而导致了出口的增加，进口的原材料和商品不断下降，市场就会出现供不应求的情况，商品的价格也就会跟着上涨了。

人民币的升值还会导致输入性通货膨胀，让原本就很严重的通货膨胀更加严重，从而推动国内市场的价格。

第三，对就业有很大的影响。

汇率越不稳定，就越容易影响就业水平的提高。

国外很多学者分析过，汇率波动和就业之间是一种负相关关系。一个国家的货币贬值，能够引起国内就业的提高；而一个国家货币的升值，将不利于该国的就业形势。Goldberg曾对美国制造业进行过分析，发现美元升值之后将导致美国制造业就业水平和工资水平的下降；反之美元一旦贬值，就业形势就会一片大好，而且工资水平也有不同程度的提高。汇率上下波动，将会导致贸易部门和非贸易部门劳动力的重新分配，贬值能够促进就业，并且可以吸引非贸易部门的劳动力，而升值则会在一定程度上减少就业人数。

国内诸多学者在对人民币的汇率进行研究后，也有过相似的结论：人民币汇率和就业之间有着负相关的关系。曾有一些专家在研究后发现，假如设定劳动力的供给不变，从长期来看，人民币的升值可以减少就业；而人民币的贬值则可以增加就业。相关学者进一步研究得出，人民币的升值是通过出口需要和效率渠道来影响就业，而人民币的贬值则是通过资源配置渠道提高就业的。总而言之，人民币汇率的变动是影响我国就业的主要原因之一，当然这不是最根本的原因，人民币的升值对国内就业形势的影响并不是特别大。

通过人民币汇率和三大产业之间的协调关系来看，币值低估有利于促进就业，这样农村中的剩余劳动力就可以转移到第二产业中，从而降低第一产业的比重，提升第二产业的比重，反之亦然。一些专家指出，人民币的升值对汇率的影响主要是第二产业，相对来说对第一产业和第三产业较小，但是从长期来看，这种变动会促进就业结构的变动。

从短期的效果来看，人民币的升值最先对第二产业有影响，接下来是第三产业。因为第三产业主要是旅游、运输、金融、非贸易部门等服务行业，容易受到贸易部门的影响，影响具有滞后性。

人民币的升值会使得大量进口商品涌入中国市场，进口替代品市场将会遭受挤压，甚至会影响到国内其他市场的份额，也就是说，国内很多企业将会被迫重组，从而使得很多人失业。

最后，将会影响到个人理财。

人民币的升值对外汇理财也将造成影响，低风险外汇理财产品的投资意义完全取决于投资者对人民币的预期。按照2010年6月各家银行发布的数据来看，1年期美元稳健收益型理财产品预期收益率为2.7%左右，1年期欧元稳健收益型理财产品预期收益率为1.3%左右，1年期澳大利亚元稳健收益型理财产品预期收益率为5.4%左右。假如投资者预计一年内人民币的升值将在3%~5%之间，那么就说明除了澳大利亚元这种高息货币的理财产品之外，美元和欧元等外币理财产品很难赢得人民币的升值，所以这种投资就没有多大意义了。

如果老百姓对外汇理财产品的投资收益率抱有很高的期望。人民币预期升值5%，预期收益率增加，很多商业银行因此面临很大的产品压力。人民币理财产品和货币市场基金等稳健型人民币理财产品将会受到越来越多人的青睐。商业银行自然也会推出更多的人民币理财产品，会增加稳健型产品的投放，从而满足市场的需求。

一些外汇交易业务是可以规避人民币升值风险的，比如交通银行的“满金宝”，只需将人民币存入到该行保证金账户中就可以操作外汇交易，这样做，本金不会因人民币的升值而遭受损失。

第七章
货币与股票
——钞票也能像商品一样买卖

随着人民生活水平不断提高，手中的闲置资金越来越多，很多人想通过投资，让手中的钱活起来，获得更多的收益。在当今各种投资理财方式中，股票投资是一种高风险的投资。投资者在股票投资时，必须结合个人的实际状况，制定出可行的投资政策。只有选择最合适最高效的组合，才能创造财富收益的最大化。

奇妙的“72 法则”

很多人没钱的时候想有钱，手里有闲钱的时候又不知道该怎样处理，是存在银行里挣利息，还是拿来投资股票？相信这是令很多人头疼的问题。笔者认为结合经济周期，“72法则”可以给我们提供一个可靠的参考意见，帮助我们做出选择。

“72法则”也称为“复利的72法则”，是指用72除以年平均投资收益率，得到以目前的的投资回报率或银行储蓄的条件下我们需要多少年才能让自己的本金翻一倍。通俗点说，就是手里的1元钱要多少年会变成 2 元钱。从本法则来说，若年复利率按照1%计算的话，72年后我们的本金就会增长一倍。因此我们可以看出，这个法则最大的好处就是非常容易计算。

举个简单例子，假如年复利率是2%，那本金翻一倍的时间就要72÷2=36（年）；若是4%，翻一倍的时间就是72÷4=18（年），以此类推。

投资股票和银行储蓄之间最大的不同就在于，只要能保证股市中的投资安全，只要投资回报率高于银行储蓄率，投资者的财富增值就会非常快。即伴随年复利率的增加，财富翻倍需要的时间会快速地缩短。巴菲特就深知这一规律并把它运用到自己获取财富的实践中，并因此蝉联世界首富。这也告诉我们一个道理，即便年复利率只高出一点点，结果可能都会大不相同。

看到这里，有人可能会觉得是把钱投入股市还是存在银行，只要通过“72法则”计算一下就可以了，其实不然。关于如何处理自己的财富，很大一部分取决于投资者对于当下经济环境的认知，即经济虽处于上升期还是衰退期。相对于同一个经济时期，不同的投资者会有不同的认识，以致对经济产生不同预期。

通常来说，不论经济即将复苏或是衰退，股市都会先一步表现出来，也就是我们所说的股价的“止跌企稳”。说到这，必须提到一个金融学名词——系统性风险。系统性风险影响着整个股市中全部股票价格的运行趋势，包括经济周期循环和政府的宏观政策影响在内，而不受某个上市公司经营状况的支配。其中，经济周期是最重要的因素。

换句话说，如果此时大盘上是齐跌共涨的状态，股市上涨时，大部分股票的股价都跟随着上涨；股市下跌时，大部分股价也都跟随着下跌，与公司的经营状况无关，只是上涨或下跌的幅度不同罢了。

因此，对经济周期的不同认识也就间接导致了投资者对同一时间股价涨跌的不同预期，正是这种预期的差异性，使得实际股价的变化充满了想象力，推动了它的涨高点和下跌点远离内在价值。投资者要善于在这种波动中把握住自己的节奏，才能通过差价获得更多的短期收益，缩短本金回收的时间。

那么对经济周期的预期与之前说过的“72法则”又有什么联系呢？回想一下法则的计算方法，我们不难发现，在经济周期发展速度较快时，银行的利率相对会高一些，用法则计算得到的时间也就短一些。

此外，72法则不仅能用来计算财富增值，还能用来计算财富的贬值。

比如，若通货膨胀率是6%，则财富贬值一半的时间是72÷6=12（年）；若通货膨胀率是8%，财富贬值一半只需要72÷8=9（年），也就是说，现在我们用1块钱能买到的东西，9年后要用2块钱才能买得到。

几种常见的股票价格指数

顾名思义，股指或股价指数全称是股票价格指数，很多人对它都很熟悉，但它是如何出现的，它的作用又是什么？相信很多人却未必能说得清楚。

股票价格指数通常由金融服务机构编制，是其对股市上有代表性的上市公司发行的股价进行平均计算、动态对比后得出的数值，可以综合反映当前股市的动态。因此，股票价格指数出现的意义，就是要对股市的动态变化进行综合考察，反映出股票市场价格水平，使投资者在投资股票时有个更为直观的参考。

国内外常用的股票价格指数有以下几种：

一、道·琼斯指数

道·琼斯指数的全称是道·琼斯股票价格平均数，是世界上出现时间最久、影响范围最广、也最著名的股票价格指数。

道·琼斯公司的创始人从1844年7月3日开始着手建立道·琼斯指数，它以美国很具有代表性的11种股票编制股票价格平均数。时至今日，我们所使用的道·琼斯指数包括4种价格平均数，分别是：15种公用事业股票价格平均指数、30种工业股票价格平均指数、20种运输业股票价格平均指数，以及在上述65种股票价格平均指数基础上得出的综合指数。被媒体广为引用的道·琼斯指数一般是指30种工业股票价格平均指数，亦称道·琼斯工业股票价格指数。

现在的道·琼斯工业指数将1928年10月1日作为基期，基期指数取100点，直到现在的13157.97点。在这期间，道·琼斯工业指数曾伴随美国股市的上涨一起上涨，甚至突破10000点大关，也曾在前几年次贷危机及金融海啸的冲击下不断下滑。

二、日经指数

日经指数是反映日本东京证券交易所股票市场价格变动的股票价格平均数，是由日本经济新闻社编制的。

日经指数起源于1950年编制的东证修正平均股价。1975年5月1日，日本经济新闻社向美国道·琼斯公司买进商标，将计算方法更换为修正的美国道·琼斯股票价格平均数，这也是为何日经指数的原名叫日本经济新闻社道·琼斯股票平均价格指数。双方在1985年5月1日合同满10年时协商将其改名为日经平均股价指数，即日经指数。它包括日经综合（日经综合股指指数）、日经店头平均股票价格指数、日经500（日经500股指指数）、日经300及日经225。其中，日经225股指指数凭借其可比性强、延续时间长而成为考察日本股市变化过程及最新动态最可信、最常用的指标，也是媒体通常所称的日经指数。

三、《金融时报》股票指数

提到《金融时报》股票指数，我们不难猜想到它是由英国《金融时报》编制的，全称是伦敦《金融时报》工商业普通股股票价格指数，是反映伦敦证券交易所工业和其他行业股票价格变动的指数，最能及时地反映伦敦股市的动态变化。

《金融时报》股票指数的基期指数是100点，但基期却从1935年7月1日调整到了后来的以1962年4月10日为基期；而当它作为股票指数期货合约标的时，则以1984年1月3日为基期，取1000点作为基期指数，将市场上交易频繁的100种股票作为编制时的样本。

实际上《金融时报》指数编制时的样本股主要有3部分：一是从各个行业中挑出来的最具代表性的500家企业的股票；二是从各个行业中挑出的最有代表性的100家企业的股票；三是在伦敦证券交易所上市的30家最有代表性的英国大型工业企业股票。我们通常所说的《金融时报》股票指数就是指30种工业股票指数。

四、上证综指

上证综指的全称是上海证券交易所股票价格综合指数，它由“上海静安指数”演变而来。上证综指于1991年7月15日开始编制并公布，以1990年12月19日为基期，基期指数100点。1992年2月，上交所为了适应上市公司数量及品种的不断增加，开始在上证综指的基础上编制A股和B股指数。

上证综指和之前提到的几个股指在样本股的选取方面有很大不同，它不经筛选，以全部上市股票作为样本，以股票发行量为权数，计算方法如下：

当天股价指数=当天股票市价总值/基期股票市价总值×100

其中，市价总值=股票收盘价×发行股数。若当天股票停牌或没有成交价，则继续用前一天的股票收盘价；若该股出现增资扩股或新增、删除，则上述计算公式调整为：当天股价指数=当天股票市价总值/新基准股票市价总值×100。

五、深圳成分指数

深圳成分指数简称深圳成指，全称是深圳证券交易所成分股价指数。深圳成分指数是以所有深交所挂牌上市的股票中40家有代表性的企业为样本编制而成的。按照国际上通行的规则，其样本股不是一成不变的。

深圳成分指数将流通股本作为权数，通过加权平均法进行计算，计算公式为：股价指数=现时成分股总市值/基期成分股总市值×1000

新上市的股票在其上市后第二天开始纳入样本股进行计算，若样本股的股本结构变化了，股价指数也要进行相应调整。

六、恒生指数

恒生指数是反映香港股票市场价格变动的指数，由香港恒生银行编制，也可以称为香港股市上的“道·琼斯指数”。

恒生指数以1964年7月31日为基期，基期指数100点。发布于1969年11月24日，起始点数是150点，最低和最高点相差31899.8。

恒生指数能够全面地反映香港股市的变动情况，很大一部分原因是由于它的样本股是在所有上市公司股票市值中占90%左右的33家具有代表性的大公司。这些样本股后来逐渐分为4部分，分别是公用事业类股票6种、房地产业股票9种、金融类股票4种，其他产业如旅游、航运等14种股票。

如何对股票进行估价

对于每一个股市的投资者来说，不论你投入的资金是多是少，有两个问题都是买入股票前不得不面对的：一是什么时候该买入，另一个就是什么价格该卖出。假设我们确定了在什么价格买入，也就相当于间接地确定了卖出的价格区间。但股市波动无常，我们该如何确定买入价格呢？

在解决这个问题之前，先来了解一下我们通常所说的普通股。普通股是上市公司中最基本、最重要的股票，同时也是投资风险最大的股票。对于涉及面广数量又大的普通股来说，股票投资的收益由两部分组成：一是红利的分配，一是股价在上涨过程中产生的差价。普通股虽然也有获得股利的权利，但是须在公司支付优先股股息和债券之后才能分得；假若公司破产倒闭了，则普通股可在公司债权人、优先股股东之后分得公司的剩余财产。目前上交所和深交所上市的股票都是普通股。

在投资普通股时我们会发现它的一个特点，就是它并不是在购买时约定了投资收益（股息和分红），而是要由该上市公司的经营状况和股市的整体走势决定，它随着该公司经营业绩的上涨而增加，反之则下降。

了解了普通股之后，我们再来谈谈股票估价。

一、市盈率定价模型

通常来说，上市公司赢利的一部分会转变成股息发放，但中国股市中很多上市公司并不发放股息，至少不会每年都发，如此一来，从股息方面来谈投资的价值就变得毫无意义，但市盈率定价模型恰恰弥补了这一缺陷。

实际市盈率的计算公式是P/E，其中P是股票价格，E是每股收益。

市盈率模型的最大优点就是它能够在不同收益水平之间进行股票价格的比较，对那些未支付股息的股票也适用，并且此公式涉及的因素很少，计算也很简便。但它本身也存在着缺点，那就是它只能决定股票市盈率的相对大小，而无法考察绝对市盈率水平。同时，由于计算市盈率的分母是会计收益，因此会受到会计准则的影响，起伏不定。此外，市盈率水平还与经济周期密切相关，导致了不同行业的市盈率之间没有多少可比性。

假设实际市盈率My，正常市盈率Mo，则判断股票投资价值的结论为：My<Mo时，说明股票价值被低估了；My>Mo时，说明股票价值被高估了；My=Mo时，那么证明这支股票的定价基本合理。

二、股票定价模型

股票投资能够获得的未来现金流可以用红利和股息两种方式表示，因此在分析股票价值的时候常把这种收入进行资本化，也就是我们所说的股息贴现模型。

不管你是长期还是短期持股，股息贴现模型的计算公式都是：

$$V=\frac{D_1}{(1+y)}+\frac{D_2}{(1+y)^2}+\frac{D_3}{(1+y)^3}+\cdots=\sum_{t=1}^{\infty}\frac{D_t}{(1+y)^t}$$

其中，V表示普通股内在价值，Dt表示普通股第t期支付的股息和红利，y表示贴现率。

当股息增长量为零的时候，上述计算公式就简化成为：V=Do/y

股息贴现模型的目的主要是用来判断股票价格是高估还是低估，应用时方法有两种：

1. 计算股票投资的净现值

股票投资的净现值计算公式为：NPV=V−P

其中，NPV表示净现值，V表示股票内在价值，P表示股票价格。

若NPV<0，说明该股价格被高估了；若NPV>0，说明该股的价格被低估了；若NPV=0，说明该股价格较为适中。

假设某股票支付每股1元的永久性固定股息，属于股息零增长型股票，银行市场利率为2%，股票价格为每股20元，则它的内在价值为：

NPV=V−P=50−20=30（元）

因为NPV>0，所以该股每股20元的价格是被低估了，则此时可以买入这支股票。

若同样是这支股票，买入后的第一年支付了1元股息，并且预测此股的股息增长率（g）会永久维持在1%，这时候该股票内在价值的计算公式就变为：

NPV=V−P=101−20=81（元）

由NPV>0可知该股每股20元的价格被低估了，仍可以得出此时适合买入的结论。

从这里我们不难发现，股票的内在价值虽然就是现金流贴现值，但其是由两个部分构成的，一部分由超常收益率决定，另一部分则由正常的股息增长率决定。

2. 通过比较贴现率与内部收益率的差异来判断

概括来说，当贴现率比内部收益率高时，则该股被高估了；当贴现率比内部收益率低时，则该股被低估了；若二者相等，表明股票的价格适中。

仍以上述的股票为例，根据内部收益率法计算公式，可得内部收益率IRR=1÷20=5%，银行市场利率推断：股价高低是正常的股息增长率所决定的，现金流贴由于2%的贴现率（银行利率）低于5%的内部收益率IRR，则该股的价格被低估了，也就是说现在是该股的买入点。

股票投资组合，学会套利定价

当我们不止投资一种股票的时候，就要面临投资组合的选择，由此就需引入套利和套利定价（APT）。

套利就是同时买进和卖出不同种类的股票，这期间最重要的就是投资者要低买高卖，从差价中获取利润，这就需要投资者将高低价格进行比较，而不是单单看股价的绝对水平。

股票套利理论创立于1976年，它从一个全新视角对股票投资的定价问题进行了分析。由于它贴近现实，涉及的因素又少，因此使用非常方便。

我们建立套利模型的目的，是要找出影响股票收益率的因素，同时确定这些因素变动对于股票投资收益率影响程度的大小，因此股票套利的前提就是，每支股票的收益率都要受某个或者某几个共同因素的影响，否则，套利模型就毫无意义。

当一个股票投资组合同时符合下列3个条件时，它就属于套利组合：

（1）不需要或者说不允许追加资金。

（2）没有组合风险，即该组合对任何影响因素的敏感度都为0。

（3）预期收益率大于0。

比如，一投资者手中持有3支股票，这3支股票就是我们所说的投资组合。假如这3支股票市场总值均为1000万元，则此投资者拥有这3支股票的总值是3000万元。

为了避免使问题复杂化，我们假设上述3种股票的投资收益率只受单一因素影响，其预期收益率E（ri）分别是20%、24%、30%，对预期收益率影响的敏感度bi分别是1、2、3，那么这名投资者持有的是否是最优组合，他又能否在不增加投资风险的前提下进一步提高预期收益率呢？

我们来做如下分析：

先从套利组合不允许投资者追加资金方面考虑，处于这种约束下，若上述3种股票总市值变化量分别为x1、x2、x3，就存在下列关系：

x1+x2+x3=0

其次，因为套利组合对于任何因素的敏感度为0，则有

b1×1+b2×2+b3×3=0

将这两个公式联立方程组，并代入b1=1、b2=2、b3=3，可解得x2=2x1，x3=x1。

这里的x1、x2、x3代表的是这3支股票的市值变化量，并且其和必须为0。

若此时我们取x1=5%、x2=−10%、x3=5%，很明显它们的总和为0，符合之前提到的3个条件中的第①个；又x1+2x2+3x3=0，完全符合第②个条件；之后我们只要看它是否符合第③个条件，即观察该组合的预期收益率是否大于0就可以了。

计算可得到：b1x1+b2x2+b3x3=20%×5%+24%×（−10%）+30%×5%=0.1>0。

这个结果表明，这个投资组合并不是最优组合，在不增加风险的情况

下，我们可以通过修改投资组合的方案来实现预期收益率的提高。比如，若该投资者在卖出第2种股票（x2）的时候，把那部分资金用来买入第1种（x1）和第3种股票（x3），就有可能提高投资组合预期收益率0.1。

套利就是在股票交易时在不支出额外费用的前提下获取无风险报酬，也就是通过某种更加合理的组合，取得更高的投资收益。

套利组合以市场有效原则为基础，假设某支股票定价不合理，在股市发展进程中势必会有人以这支股票进行套利活动，必然会使得股票的价格在这些套利活动里不断调整，再次回到均衡状态。也就是说，投资者的套利活动会使某支定价不合理的股票价格趋向合理，并最终使这种套利机会消失。

根据这个规律，在一个有效的股票市场上，任意一支股票的定价都应使该股票未来不存在能够套利的机会。如此我们就可以得到下列计算公式：

$$E(r_i)=\lambda_0-\lambda_1 b_i$$

其中，$E(r_i)$代表股票i的预期收益，b_i代表影响该股收益率的某种因素，λ_0和λ_1均为具体常数。

当$b_i=0$，即不存在影响该股票收益率高低的某种因素时，股票的预期收益就是λ_0。

综上，套利就是利用同种证券或实物资产的不同价格来获取无风险收益的行为。从定义出发，套利收益并没有风险，因此一旦投资者发现有这种机会就会想办法加以利用，而且随着投资者的买卖，这些获利机会将会逐渐消失，所以可以说是“时不我待”。

你知道股市中的“大小非”吗

只要是对中国资本市场有所关注的读者，一定会对当下中国股市中着力解决的“大小非”问题有所了解。

那么有关“大小非”，我们应该注意哪些方面呢？

一、相关概念的了解

在介绍有关“大小非”的现况时，先了解几个相关的概念，以便之后的理解。

1. 何为大小非

所谓“大”，就是指大部分；“小”，则是小部分；“非”是指非流通股，也就是通常说的限售股，或称限售A股。连起来解释，“大小非”就是指大部分或小部分禁止上市流通的股票。

那么，该如何来区分所谓的大部分和小部分呢？

具体来说，我们将上市公司股权分置改革之前限售流通股比例占总股本5％以上的股票称为“大”，这些股票一般都要在股权分置改革2年之后才可以上市。由于持有这些股票的大部分是公司大股东或者战略投资者，因此一般不会上市进行抛售，否则也许会失去他们的大股东地位。

反之，“小”就是该比例低于5％以下的股票，这些股票只需在股权分置改革1年之后就可以上市流通，但只是有限度地抛售一部分而非大规模抛售，确保其对股市不会造成太大的冲击。

但上述所说分类并没有什么硬性规定，只是一种约定俗成。

2. 减持

所谓减持是指上市公司的法人股和国有股的减少持有。

我们也需注意，尽管国有股的减持会让一部分股票从非流通股变为流通股，继而上市；但国有股减持的途径很多，比如在证券交易所变成流通股，并不一定要流通。从非流通股变成流通股，并不一定都是由国有股减持导致的。

3. 解禁

解禁即为解除禁止，是指非流通股由于股权分置改革而可以流通，解禁了原来的非流通股，使其变成了流通股。

二、 过去为何限制"大小非"的流通

说到"大小非"当初形成的原因，就不得不说上市公司股权分置的问题。

股权分置也可称为股权割裂、股权分裂，是指上市公司中持有相同股票的股东却无法享受到相同的权利。最突出的表现就是，持有非流通股的股东无法像持有流通股的股东那样在股市中将自己持有的股票进行交易买卖。

既然如此，当初我国为何要在上市公司设置非流通股和流通股这两种股票类型呢？原来，1992年5月颁布的《股份制企业试点办法》中规定，"根据投资主体的不同，股权设置有四种形式：国家股、法人股、个人

股、外资股”。然而1994年7月1日开始生效的《公司法》中却规定不再进行这种分类，改为按照不同的股东权益设置成为优先股、普通股等。其中，流通股主要是指社会公众股，非流通股主要是指法人股、国有股。

如此一来，之前按《股份制企业试点办法》设置的股票种类就转化成了遗留问题，对于这一类问题的处理，我国法律既没有安排具体的制度，也没有明确的禁止规定，使问题一直被搁置着。

股权分置是一种带有中国特色的企业所有权制度。建立之初是出于国家可以对上市之后的国有企业具有绝对控股权的考虑，同时也是担心初出茅庐的中国股市可能会被全流通股票压垮，因此在2005年前做出特别规定：不论是在中国内地还是香港上市的中国国有企业，其股票在市场上公开发行及进行交易的只能有一小部分（比例一般不到1/3），剩余的股票暂时不能进入市场流通。正是由于这种保护，几乎没有几个上市的国有企业的大股东会因业绩不好而失去自己的控制权。

三、现在为何要解禁“大小非”

股权分置问题对于我国股市健康发展的阻碍集中表现在以下3点：

1. 不同股东所获收益与承担的风险不对等。持有同种股票的流通股、非流通股的不同股东所获得的收益和他们所要承担的风险是不平等的。

2. 承担的义务不对等。持有同种股票流通股、非流通股的不同股东所要承担的义务不对等（持股成本相去甚远）。

3. 权力的不对等。持有同种股票流通股、非流通股的不同股东所享受的权力不对等，这主要体现在他们在参与经营管理决策时权力的不平等。

这些股权分置所存在的问题，导致很多上市公司无法厘清自己的产权关系，无法对本企业进行结构治理，企业管理决策普遍是自己人控制，独裁化明显，股权分置成为企业产权改革路上一道无法逾越的鸿沟。

为了解决这个问题，我国从1998年下半年到2001年探索过两次国有股的减持，但都因效果不理想而中途放弃。

总的来说，股权分置分为三个阶段：一是提出减持国有股，让证券市场上的国有股放缓出售速度，慢慢降低国有股在市场上所占的比重，直至完全退出股市；二是提出全流通，就是把非流通股全部变为流通股、现金；三是提出股权分置改革，把非流通股全都变成流通股。这三个口号看起来很相似，尤其是第二个和第三个，但他们的意思却完全不同。股权分置改革和市场扩容并没有必然的联系，因为它主要是为了能实现同股同权，如此才符合资本市场的要求。

股权分置改革也分为三步走：第一步是国务院于2004年1月发布的《关于推进资本市场改革开放和稳定发展的若干意见》，其中明确说明对于股权分置问题要积极地解决；第二步是中国证监会于2005年4月发布的《关于上市公司股权分置改革试点有关问题的通知》，这也是股权分置改革正式启动的标志；第三步是中国证监会于2005年9月4日发布的《上市公司股权分置改革管理办法》，标志着股权分置改革已经不再停留在试点阶段，而是真正进入积极稳妥、全面铺开的全新阶段。

时至今日，几乎所有在上证和深证上市的公司都已经完成或者已经进入股权分置的改革程序，这也表明了股权分置改革道路的正确性。

但是股权分置改革一定要将非流通股和流通股的持股成本纳入考虑

范围，假如解决不了这个问题，股权分置就不能说是公平公正的。也就是说，能够判断股权分置改革是否成功的唯一可靠标准，就是上市公司在股权分置改革后所有股份是否有相同的持股成本。

总的来说，股权分置改革是我国证券市场制度的一场大革命，具有划时代意义。股权分置可以在稳定市场预期的同时解决原先的股权分置问题，进而真实地反映出股票市场的供求关系和定价机制，以便之后推出各种金融创新措施，使资本市场的资源配置更加趋于合理。

四、解禁“大小非”对中国股市的影响

首先，大小非的解禁使中国股市的“庄家”有所改变，他们不再是公募或私募基金，而是那些起初用低成本获得非流通股的股东。并且，控制“大非”的都是大股东，在“大小非”解禁之前，尽管他们对自己公司的经营状况和底细非常了解，但由于自己的股票无法交易，因此对于股价的浮动和公司的发展并不关心。然而这一情况在“大小非”解禁后有了很大的变化。当越来越多的“大小非”解禁流通，股价的变动会影响到这一部分人的收益时，他们开始思考如何能让公司发展得更好以增加自己手里股票的价值。同时，他们对股票增持还是减持的态度也可以作为其他投资者投资时的参考依据。

其次，是对股价的影响。正常来说，“大小非”解禁会使股票价格下跌。因为当某支股票的供应量增加时，形成的供方市场会导致股价下跌，最后形成“众人拾柴火焰高”的态势。这方面的典型例子有“氯碱化工”。但是，“大小非”的解禁也可能让股价不跌反升，原因只有两个：

一是市场的资金很充裕，解禁多少都可以被“消化掉”；二是解禁后的股票抛出的数量太少或几乎没人抛售，这样还会吸引场外资金的注意力，形成新一轮的涨势。

警惕投资中的马太效应

马太效应的故事来自《圣经》，说的是一位国王在出远门前叫来3个仆人，并给了他们每人10锭银子，让他们拿去做生意，等他回国时再来见他们。

国王回国后，第一个仆人报告说：“亲爱的陛下，我用您的10锭银子做生意，又赚回了10锭银子。”国王听了很高兴，就赏给他10座城池。第二个仆人汇报道：“敬爱的陛下，我用您交给我的10锭银子做生意赚了5锭银子。”于是国王赏给他5座城池。第三个仆人接着说道：“国王陛下，我也想用您的10锭银子做生意的，但是我怕赔光了无法跟您交代，放在兜里又怕丢了，所以一直好好地包在随身的手绢里放着。”结果国王让他把银子全都交给第一个仆人，并对他们三人说：“要加给有的，让他多余；夺取没有的，让他更加一无所有。”

因此马太效应其实就是一种“越来越”现象，多的越来越多、少的越来越少。

但马太效应并不是一开始就为金融所用，它起初是被用来形容一种社会心理现象——即使成就相似，但原本就声名显赫的科学家比默默无闻的研究者要获得更多的声望，后来才慢慢被金融领域用来形容富者越富、贫者越贫的现象。

马太效应应用在投资领域就是加快财富的增值并使之保持一定的增值速度，让富者越来越富。例如现在越来越多的富豪都产生于股市，并且今后股市仍将继续批量地生产富豪。

现实中我们常常可以看到这样的例子：有人靠自己的努力或者是走运而获得了一笔数额巨大的财富。假如他把这些财富用在投资上，是可以让财富迅速增值的，但很遗憾，他选择了像上述第三个仆人一样，保守地把钱存在银行里。虽然财富也有增值，但是利率永远不可能跑过物价的上涨速度，若干年后，马太效应会向他证明，当初保守的选择是多么地缺乏远见。

很多家庭在处理手头闲钱的时候都喜欢把它们存在银行里，一般会先存一个定期，当需要提前用钱的时侯再临时转成活期存款，这样不仅无法让财富迅速增值，利息也会少得可怜。

从马太效应的角度出发，处理这笔闲钱较为理想的方法就是购买"活期便利、定期收益"的货币型基金。就"活期便利"而言，假设投资者想赎回货币基金，只需按照"D+2"规则计算款项的到账时间即可。即成功赎回申请后，款项会在基金托管账户"D+1"日将款项划出，在"D+2"日划到投资者的账户里。比起其他基金一个星期的到账时间来说，这已经很快了，也因此使它具有了活期存款的流动性。

当你每月还需拨出一部分固定用途的资金，如每个月的房贷、车贷等，还可以申请每月自动赎回业务。如此一来，我们无需一直惦记归还贷款，又可以利用马太效应创造出最大的价值。

投资者也应该注意到，并非所有的闲置资金都适合申购货币型基金。由于从申购到到账至少要2天的时间，因此当资金的限制期限只有一两天时就不适合申购。而当其闲置期限可达到两个月以上时，鉴于货币型基金的流动性较弱，此时购买银行其他短期固定期限的理财产品收益率会更高。

不仅是个人投资，企业经营也如此。一个企业要想在某个领域始终保持竞争优势，就应该努力发展成这个行业的领头羊。根据马太效应，只有行业的领头羊才更容易让自己通过规模、成本、垄断地位和服务差异等优势更加成功，取得更高的回报率。

反之，假设企业一直在竞争中处于弱势，甚至达不到行业平均利润率、平均投资回报率，那么就算在经济繁荣期可以勉强维持，一旦遭遇经济低迷期就会难逃大额亏损甚至破产的下场。

对于投资者来说，将资金投入我们所说的领头羊企业，是非常明智的选择。不论在经济繁荣还是低迷的时期，这种企业都会赢利，只是赢利多少的问题。作为投资者，就能始终保证自己的收益率为正数。

因为这些企业在经济景气时积累了很大的发展潜力，能帮助它们渡过难关。当困难企业不能正常经营、逐渐丢失市场份额时，领头羊企业正可以用很低的代价扩展市场份额和材料。一旦经济再次步入正轨，它们会比以前更加优秀，这是马太效应的另一种体现。

第八章
货币与经济政策
——利息调控对金融市场的影响

现今大多数人都倾向于把钱存在银行获取利息，这是一种非常保守的投资方式，也是最为广泛的一种投资，其收益直接受到中央银行利率调整的影响。对于企业来说，国家利息调控直接决定其所要偿还的贷款，因此有必要了解国家经济政策和利息调控的方法，搞清利息调整的原因及影响因素，以便对投资提供帮助。

利息：剩余价值的特殊转化形式

说起利息，可能每个人都不会陌生，但是如果说到利息的作用，或者利息是怎样产生的，相信很多人都无法给出一个正确的答案。这是由于每种观念的形成都有其历史的局限性。

从古至今，很多经济学家都给出了自己关于利息的理解。最早提出利息概念的应该是古典经济学家配第，他认为利息是一种报酬；洛克则认为利息的概念在配第提出的基础上还应该包含某种风险收入；最早提出利息是货币价格观点的是坎第隆；利息表示剩余价值的观点是由斯密最早提出的。后来，英国经济学家西尼尔提出利息是借款人（资本家）“节欲”的报酬这一说法；奥地利经济学家庞巴维克认为利息是资金的“时差”；美国经济学家费雪认为利息是由借贷行为产生的，如果没有借贷行为就不会有利息。当代经济学家凯恩斯认为，利息是放弃流动偏好得到的报酬。

观察上述观点我们可以发现，尽管各个经济学家都提出了自己的观点，看似在不断完善对利息来源的描述，实则都没有说到要害上，没有点明利息的来源和本质。最正确的说法应当是马克思的观点。

在马克思看来，利息作为剩余价值特殊的转化形式，其本质应该是利润的一部分。借款人要支付利息，是由于他将借来的资金用于从事生产经营活动而得到了价值增值；贷款人可以收取利息，是因为他有这些资金的所有权，假如他没有资金的所有权，也就不能获得利息。

总的说来，利息就是借款人支付给贷款人的报酬，因此它存在的前提就是二者之间一定要有借贷关系。

实际上，所有贷款人都会将收取利息看成是理所应当的。会计核算时，每个国家的会计制度都明确规定，只有当扣除借款所发生的利息支出后，剩下部分才可以被看作经营利润。

从不同角度出发，利率有很多种分类，例如：

1. 从变化的角度，利率可以分成浮动利率和固定利率

浮动利率是指在借贷期内都会随市场行情的变化进行定期调整的利率，一般在借贷期很长或预计未来市场利率变化会很大的情况下适用。虽然此时的利息计算不确定并且复杂，但由于它更贴合实际，因此有利于降低借贷双方的利率风险。

固定利率是指在借贷期内利率是固定不变的，一般适用于短期借贷或预计未来市场利率较为稳定的情况下。

2. 从银行业务要求的角度，利率可以分成存款利率和贷款利率

存款利率是指将资金存在金融机构所获得的利息和本金的比率。贷款利率是指向金融机构贷款所要支付的利息和本金的比率。

不管从哪个方面来看，如果是在适度的范围内存款人获得存款利息、贷款人支付贷款利息就应是合理并且合法的。比如银行利润的主要来源就是依靠贷款所获得的利息扣除了接受存款所支付的利息后剩余的部分。但是我们应该认识到，利率水平太高的借贷，即人们常说的“高利贷”，是法律所禁止的。

3. 从计算方法不同的角度，利率可以分为单利和复利

单利是指在借贷期内仅在原来本金的基础上计算利息，不再对本金产生的利息另外算利息。相对地，复利是指在借贷期内，除了在原来本金的基础上计算利息之外，还会把本金产生的利息也计入本金、重复地计算利息，也就是“利滚利”。

与单利相比，复利更看重的是时间因素在其中的作用，它也更能反映信贷关系的本质，进一步体现出占用信贷资金的时间越长利息就会越多的原则。

4. 从与通货膨胀关系的角度，利率可以分为名义利率与实际利率

名义利率是指没有排除通货膨胀因素的利率，是借款合同或者单据上标注的利率。实际利率是指已经排除通货膨胀因素后的利率。

5. 从确定方式的角度，利率可以分为官定利率、公定利率和市场利率

官定利率是指由政府金融管理部门或中央银行所确定的利率。公定利率是指由金融机构或者银行业协会所确定的利率，但这种利率标准仅适合参加这一协会的金融机构，对未参加机构不具备约束力，利率标准一般会在官定利率和市场利率之间。市场利率是指以市场资金借贷关系的紧张程度为依据确定的利率。目前，我国的利率标准基本是官定利率。

6. 从国家政策意向的角度，利率可以分为一般利率和优惠利率

一般利率是指不享有任何优惠条件的利率。优惠利率是指对某些部门、行业或个人制定的利率优惠政策。

在一些西方国家，商业银行经常会对那些信誉度高、占据有利竞争地位的企业实行优惠利率；但在我国，常常是对一些重点行业和领域实行优

惠利率。

计算利息的过程有点复杂，一般有单利利息、复利利息、现值和终值等概念。

计算单利的公式是：$I=P\cdot i\cdot n$

以单利公式为基础，计算单利的本金利息之和的公式为：$S=P+I=P+P\cdot i\cdot n=P(1+i\cdot n)$

式中，I是利息额，P是本金，i是利率，n是时间，S是本金和利息的总和。

比如，若贷款50万元一年期的年利率是10%，并且要求到期时连本带利一次付清，那么到时候需要还多少钱？其中又有多少是利息呢？

根据之前提到的计算公式，$I=P\cdot i\cdot n=50\times10\%\times1=5$（万元）

$S=P(1+i\times n)=50\times(1+10\%\times1)=55$（万元）

这就说明，到期需要归还55万元，包含50万元本金和5万元利息。

计算复利本金利息之和的公式是$S=P(1+i)^n$

计算复利利息的公式是：$I=s-P$

例如同是上述那笔50万元的贷款，同样是10%的年利率，但贷款的期限延长至2年，那么这笔贷款每年都需要重复计算一次利息。

通过之前的计算得到，假如借款的期限只有1年，那1年之后要归还的本利和应是55万元。同样的道理，2年之后要归还的本利和就应该是$S2=P2(1+i\times n)=55\times(1+10\%\times1)=60.5$（万元）。

当贷款的期限过长的时候，这种方法的计算过程就显得格外复杂，而通过本利复利和的计算公式就很容易直接得到结果：$S=P(1+i)^n=50\times$

（1+10%）^{2}=60.5（万元）。这笔贷款的利息就是：I=S−P=60.5−50=10.5（万元）。

存在通货膨胀的情况下，现在的1块钱跟将来的1块钱其实是不等值的，用更通俗的话来说，就是将来的1块钱不如现在的1块钱值钱，这样也就引出了终值和现值的概念。

终值指的是货币在未来某个时点的价值；现值指的是货币在当下所有的价值。

在了解了现值和终值概念之后，相信大家就应该明白，相同金额的货币在不同的时点上价值并不相同，也不能直接将他们相加或者相减；只有将它们换算成相同时点上的金额之后，才可以做到这点。

举个简单的例子，假如有个生意人1992年的年收入是10万元，2012年的年收入是100万元，此时的两个数字就不可以直接地相加减或进行比较。我们既不能说他现在的年收入是过去的100÷10=10（倍），也不能说他现在的年收入比以前增加了100−10=90（万元），更不能说这两个时点他的年平均收入是（100+10）÷2=55（万元），这可就闹了大笑话了。

原因说起来其实很简单，因为把这种数字放在不同的历史时期去比较是没有任何意义的，要让这种数字的比较变得具有现实意义，就一定要把它们折算到同一时点上去进行比较，一般情况下我们都是将其折算成现值来比较大小的。

因此，留心一下你就会发现，当某些书上在描述过去的某个数字时，常常会用“相当于现在”作为补充说明，使读者有个更加清楚的认识，也方便形成更直观的对比。对从前的数值是这样，对未来的数值（终值）更是如此。在计算利息的过程中，经常会用到的现值和终值的计算公式有：

单利现值计算公式：P=S（1−it）

复利现值计算公式：P=F*1/（1−i）

单利终值计算公式：S=P·（1+i·n）

复利终值计算公式：S=P·（1+i）n

其中，P是现值，S是终值，i是利率，n是期限。

例如，某人要给10岁的孩子在银行准备一笔100万元存款，作为孩子在10年之后经商的启动资金。假如未来10年银行的平均存款利率是3%，那么10年之后这些资金会变为多少呢？

这实际上就是在求这100万元的存款10年后的终值会是多少。按照计算公式可知$S=100\times(1+3\%)^{10}=100\times1.344=134.4$（万元）。

反过来说，若是某人想给他10岁的孩子10年后经商准备100万元的启动资金，假设在这10年里银行的平均存款利率是3%，那么他现在需要存进去多少呢？

这其实就是个讨论现在需要存多少钱在银行，10年之后能得到本金和利息共100万元的问题。换言之，10年之后100万元的现值是多少。依据计算公式可得：100=P×（1+3%）×10　P=9.71（万元）

利息率的简称就是利率，是指在一定时期内利息和贷款本金的比率。计算利率的公式为：I=P×n×i

公式中的i为利率，I为利息额，P为贷款本金。

由于计算利息时所取的时间长度不同，因此利率也可以分成年利率、月利率和日利率等许多种。顾名思义，年利率就是以年为时间单位，常用

“%”来表示；月利率把月作为时间单位，常用“‰”来表示；而日利率则以天为时间单位，常用“‰”表示。

不同国家使用利率的表示方式也不一样，例如西方国家常常习惯用年利率来表示，而我国则习惯用月利率表示。若同样是说利息是1厘，假如没有什么特别的说明，那这个数字在西方国家一般是指年利率1%，而在我国却是指月利率1‰，也就是年利率是1.2%。

利率调整：格林斯潘的“魔棒”

为了能更好地适应资本市场的发展需求，银行的利率会经常做出调整。从长远的发展考虑，利率市场化是利率发展的必经之路，不会以任何人的意志为转移。

这里所说的利率市场化是指利率不再由中央银行单方面确定，央行仅仅通过调控基准利率间接影响市场利率来实现对货币政策的调整，利率的数量结构、期限结构及风险结构都将由交易双方自主确定。

从全球的角度来看，不管是发达国家还是发展中国家，过去都曾有一段时间实行着相当严格的利率管制。虽然它在不同的历史阶段的确产生了一些积极的作用，但是随着经济的发展，尤其是在金融工具的种类日益丰富的今天，利率管制越来越无法贴合市场的需求，具体表现就是无法适应经济发展的需要，有时甚至会阻碍经济的健康发展。

在这种情况下，自20世纪七八十年代起，利率市场化就已然在很多国家初露端倪。有些国家开始“默许”银行等金融机构摆脱利率管制的束缚，还有些国家则干脆一步步地放松甚至直接废除了利率管制制度。

例如，欧洲的英、法、德等在20世纪70年代就完成了存贷款的利率市场化进程；美国分两个阶段完成了利率市场化的转变，先是从1980年开始取消了存款利率上限，之后又在1986年1月取消了定期储蓄存款利率的上限；同时，加拿大、日本等一些国家也基本上取消了贷存款的利率限制。

我国作为世界上最大的发展中国家，在利率市场化改革方面完全照搬西方发达国家的做法并不可取。而且，国际货币基金组织在对很多成员国进行深入研究分析之后认为，发展中国家要想推行利率市场化的改革，一定要具备以下几个必备条件：对于银行体系有一套非常审慎的监管制度；现有利率体系的合理、间接金融应该向直接金融转化；已初步形成市场经济体制。

鉴于上述基本条件，中国人民银行自1986年起允许各个商业银行的贷款利率在法定利率的基础上有所浮动，这一举措象征着中国迈开了利率市场化的步伐。1986年9月，中国人民银行及当时的国家体制改革委员会将浙江省温州市设立为全国金融体制改革和利率市场化的试点城市。10年之后，经过在试点城市的一系列尝试和积累，利率市场化改革开始在我国稳步实行。

世界各国的利率市场化改革带给我国的经验教训主要包括以下几个方面：

1. 利率市场化进程的推动离不开金融创新

金融创新才能推动利率市场化的进程。例如，当规避利率管制的时候，大额可转让存单等新型金融工具的出现可以使管制利率和自由利率之间的区别有所模糊，从而间接导致利率管制失效，也就推进了市场化的进程。

2. 利率市场化改革需要周密的步骤安排

不论是哪个国家，在进行利率的市场化改革之前都需要制定周密的改革步骤，在相当宽裕的一段时间内按部就班，一步步完成，最后完全实现利率的改革。例如美国取消《银行法》中利率管制上限的条款用了五六年的时间；韩国也用了6年时间，分了4个步骤才完成这项工作。

3. 利率市场化不可能一蹴而就

进行利率市场化的国家基本上都用了几十年的时间，美国甚至用了70多年，这也就告诉我们，利率市场化必然是一个较长期的过程，绝不可能一蹴而就。历史上想进行“爆炸式”利率市场化改革的国家都以自己碰得头破血流而告终。

4. 利率市场化改革中不能没有金融监管

我们所说的利率市场化并不是绝对的，而是相对的，因此在推进的过程中一定要有金融监管，就好像多快的跑车上街都要遵守交通规则一样。但是金融监管主要还应依靠货币政策工具和中央银行的利率调控，仅在极少数的情况下政府才可以出面直接干预。对于政府部门来说，利率市场化过程中，企业间竞争加剧所导致的不良企业倒闭现象应引起一定的注意。

5. 利率市场化是经济自由化和金融自由化的主要环节

经济自由化一定会要求金融自由化，金融自由化又必定要求利率市场化，因此利率体制改革是金融体制改革乃至经济体制改革不可缺少的组成部分。

6. 利率市场化一定要在法律框架内进行

利率市场化一定要在立法指导下进行，这一点在很多发达和发展中国家形成了共识。

7. 建立完备的市场经济体系是推进利率市场化的重要前提

为了避免由于开放利率而可能导致的经济的不良波动，使金融宏观调控能够有效实现，必须首先建立起较为完备的市场经济体系。

8. 利率市场化改革需要一个合适的突破口

有些国家率先放开存款利率，之后再放开贷款利率；有的则是以国债利率市场化作为切入点，扩大到存贷款利率和贴现率；还有的从扩大银行利率的自主浮动范围入手，让基准利率起到宏观调控的作用，然后渐渐让浮动利率与市场接轨。

我国在总结了国外某些国家实行利率市场化改革经验教训的基础上，提出了自己的指导原则："首先要放开的是货币市场利率及债券市场利率，之后再一步步推进存贷款利率的市场化。存贷款利率的市场化应按照先外币、后本币；先贷款、后存款；先长期、大额，后短期、小额的顺序进行。"

鉴于此，我国自1996年开始先是放开了政策金融债的发行利率、银行间的拆借市场利率、银行间市场国债以及债券市场利率，接着又放开了境内外币贷款、大额外币存款的利率，还尝试着进行人民币长期大额协议存款，逐渐扩大直至贷款利率的上浮空间完全地放开。同时，还实行了人民币存款利率下浮制度，将计结息主动权真正地下放到各个商业银行。

我国金融界已经有很长一段时间将关注的重点放在利率市场化上，尤其自2000年以后这一问题更是受到了政府的高度重视。

经国务院批准，我国自2000年9月21日起对外币利率管理体制进行了一系列改革。先是放开了外币贷款利率，金融机构各种外币贷款利率及其结息方式的确定，由机构自己根据资金成本、风险差异和国际金融市场的变化等因素来决定。

2003年我国推出的中央银行票据和2006年起正式实行的国债余额管理

制度，创建了短期基准利率市场。

2004年1月，我国又将金融机构贷款利率的浮动区间进一步扩大，并且在10月29日时放开了商业银行贷款利率上限及存款利率下限。

2005年，中国人民银行发布《稳步推进利率市场化报告》，大幅度地降低超额准备金利率，完全放开了金融机构的同业存款利率。

2008年5月，汶川特大地震发生后，为支持灾后重建，中国人民银行进一步提升了金融机构住房抵押贷款的自主定价权，将商业性个人住房贷款利率下限扩大到基准利率的0.7倍。

2012年6月，央行进一步扩大利率浮动区间。存款利率浮动区间的上限调整为基准利率的1.1倍；贷款利率浮动区间的下限调整为基准利率的0.8倍。

2013年7月，央行进一步推进利率市场化改革，全面放开金融机构贷款利率管制，取消金融机构贷款利率0.7倍的下限，由金融机构根据商业原则自主确定贷款利率水平。

2015年10月，央行宣布放开存款利率上限，意味着我国利率市场化迈向新的阶段。

可以说，截至2016年，除了极小一部分领域仍未完全实现市场化外，我国金融的大部分领域都已经被利率市场化覆盖。

利率调整要遵循客观经济规律

利率既然是资金的价格，能够影响和决定它的因素是非常多的，并且极为复杂。也就是说，各种复杂因素会综合影响利率水平的高低及调整。

近些年，我国对银行利率调整得非常频繁，这让很多人觉得有些不可思议。事实上这种频繁的调整并非没有依据，那就是利率的调整一定要尊重客观经济规律，而非哪个人在办公室里随随便便就可以推出的政策。

在调整利率的时候主要应该考虑两个方面的问题：一是调整究竟要达到什么目的；二是调整的依据是什么。

如果从利率调整的目的出发，那么要解决的问题主要是：

1. 优化产业结构

当政府想对那些需要扶持或要优先发展的行业从基金面提供支持的时候，就可以对它们实行优惠利率政策；反过来，对于要限制其发展的行业或企业，政府可用适当提高银行利率的方法来提高它们的投入成本。

将二者结合起来，就可以调节社会资源，实现产业结构的优化配置。

2. 调节公民储蓄

银行在提高利率水平的时候，能够吸引人们把闲余的资金都存进银行以获取利息，这可以减少社会货币的总量，能够在一定程度上抑制通货膨胀。通过降低利率水平的方式，可以使得储蓄从银行转进消费领域，以达到促进消费的目的。

在这一过程中，利率的调整会对公民的储蓄结构产生实质性的影响，可以调节实物购买和股票投资的比重。

3. 促使企业提高经济效益

银行提高利率水平会间接地促使企业不断地加强经济核算、尽量减少利息负担，这也相当于提高了企业的管理水平，促进企业乃至全社会经济效益的提高。

倘若企业无法认识到这一点，或者根本做不到这一点，一旦整个企业的资金使用效益还不如银行利息，或者不能在贷款到期时正常归还贷款，就很可能会被迫关门。

4. 调节资金总供求关系

当其他条件不变的时候，将银行货币利率调高可以吸引更多的闲散资金存入银行，从而延迟社会消费品购买力的实现，也就减少了社会总需求。同时，银行利率的提高还会增加企业的贷款成本，抑制商品的销售，使企业赢利减少。

因此，当由于社会资金的总需求大于总供给而引发通货膨胀的时候，银行就会采取提高利率的方法来干预，而银行利率的作用恰恰与之相反。

5. 调节货币的供应量

当社会中的货币供应量大于需求量时就会引发通货膨胀，导致物价上涨，所以，政府要想调节货币供应量也可以通过调整银行利率来实现。这主要是通过提高利率来减少货币的投放量、减少信贷的规模，以达到压缩通货膨胀和稳定物价的目的。

6. 调节国际收支

银行利率水平的调整，不仅会对国内金融市场有一定影响，还会对国际金融市场产生联动作用，从而间接地调节国际收支。

具体而言，若国内的利率水平比国际水平高，就会吸引一部分国外资本流向国内，从而导致国际收入大于国际支出。反之亦然。

之所以调整利率，目的就是要保证国际收支的基本平衡，避免大起大落，确保国家金融安全。

为了达到上述目的，调整利率时必须在众多的复杂关系中着重考虑以下因素：

1. 资金供应情况

调整利率水平时必须考虑整个社会资金面的供应状况。

利率是资本的价格，因此它和普通商品一样，进行价格调整时必然会受到货币供求状况的影响。市场经济成熟度越高，资金供应状况对利率调整的影响力就越大，同时利率调整对资金供应状况的调节作用也会越大。

总的来说，当资金供应不足时利率水平会有所上升，而当资金处于供大于求的状态时利率水平则会下降。一方面，资金供应状况可以促使银行进行利率调整；另一方面，调整利率水平也可以改善资金的供应状况，二者相辅相成。

当社会平均利润率确定的时候，调整利率实际上也就相当于将社会平均利润重新划分成利息和企业利润两个部分，二者的比率应该尊重借贷资本供求双方的竞争性关系。

由于我国整个社会的资金资源都比较缺乏，因此调整利率水平时须格外重视资金的供求状况，这也正是我国既没有放开利率水平，也无法完全根据资金供应状况调整利率水平的重要原因所在。

2. 国家的经济政策

利率水平是国家经济政策干预社会经济生活的一个重要方面。比如，我国前些年长时间实行低利率政策，就是为了达到实现稳定物价、稳定市场的目的。改革开放之后又在一些部门和企业率先实行了差别利率，这也体现了国家政策的引导目的。

毋庸置疑，国家在某个时期内制定经济发展战略、速度和方向的时候，都会间接地决定资金的需求状况及其流向。可以预见，我国在今后很长的一段时期内，都会将利率控制在较低的水平上，并且对不同行业实行差别利率政策。

3. 物价水平

人们一般认为，银行的存款利率一定要比通货膨胀率高，否则人们将钱存在银行里不但不会有所增值，反而会使本金也遭受损失，这样就会促使储蓄用户大量提取存款转而去抢购商品了。

国家经济政策尤其是银行贷款利率应该高于存款利率，同时也应该比通货膨胀率高。如果贷款利率比通货膨胀率低，那么银行的本金就会遭受损失，发放的贷款越多亏损也越多，难以继续正常的业务。反之，贷款企业却可以因此而减轻债务的负担，还可以从贷款利率和通货膨胀率的差额中获取额外的收益，这就会诱导企业千方百计地扩大其贷款数额，进而加剧资金供应紧张的局面。

4. 社会平均利润率

有经济学家认为，利息属于利润的一部分，因此，银行在调整利率的时候，一定会对社会平均利润率的高低有所关注，既不能因为少数企业的利润率偏低而降低利率，也不能因为少数企业的利润率偏高就提高利率。

概括说来，利率水平应随社会平均利润率的提高而相应提高，否则就不能正确地体现利率的杠杆作用；而当社会平均利润率降低的时候，利率水平也应该相应地降低，否则大多数企业会无法承受这么高的利率水平。利率水平最低不可以低于零，最高不可以高过社会平均利润率。

5. 国际利率水平

银行在调整利率时还必须考虑到国际利率水平的高低。若国内的银行利率低于国际利率水平，资本就会从国内流向国外，这样就减少了银行体系的流动性，使得银行利率上升；反之，若国内的银行利率比国际水平要高，国外资本就会大量涌入国内，增强了银行体系的流动性，导致银行利率下降。上述因素所起的作用，取决于市场利率化的程度，程度越高，其作用就越大，反之亦然。

6. 银行成本

之前我们已经说过，利率包括存款利率和贷款利率两种。贷款利率和存款利率差额的大小，直接决定着银行赢利水平的高低。因此在调整利率水平的时候，一定要考虑银行的成本，考虑银行的承受能力。

银行的正常运转，必须依靠发放贷款所取得的利息收入，必须在完全弥补其在吸收存款所支付的利息和其他业务费用的基础上仍有盈余，这样才能促使银行更积极地去开展各种业务。

因此，银行贷款利率一定会比存款利率高，二者之间需要一个合理的利差。对主要靠利息收入来赢利的我国银行来说，这一点显得格外重要。

令人瞠目的高利贷利率

很多读者对高利贷这个金融学名词非常关心，那么借款利率达到多少的时候可以算是高利贷呢？关于这个临界点，我国法律并没有明确的规定，但是最高人民法院及中国人民银行都对其有过具体解释。

最高人民法院1991年发布的《关于人民法院审理借贷案件的若干意见》第6条规定："民间借贷的利率可以适当高于银行的利率，各地人民法院可根据当地的实际情况具体掌握，但最高不得超过银行同类贷款利率的4倍（包含利率本数），超出此限度的，超出部分的利息不予保护。"

2001年发布的《中国人民银行办公厅关于高利贷认定标准问题的函》，明确地将上述最高人民法院的解释改为："借贷利率高于法律允许的金融机构同期、同档次贷款利率（不含浮动）3倍的为高利借贷行为。"这之中最大的变化就是把原先的4倍改为了3倍，也就是降低了高利贷的认定标准。这一解释使用至今。

比如说我国某年年初时一年期法定贷款利率为4.92%，若民间借贷的一年期贷款利率为14.76%，也就是法定贷款利率的3倍时，就会被法律认定为高利贷；超过14.76%以上部分获得的利息将被视为高利率，不受法律的保护。

那么，不受法律保护又是什么意思呢？它的意思是，若是借款利率比该标准要高，借款人有理由拒绝支付这一部分利息；如果被告到法院，法院也绝不会支持这样的高利贷。法院通常会采取的措施是，让借贷双方自己协商变更他们之前定的借贷利率，一直到利率符合法律规定为止。

利率这一概念存在已久，以此推测，高利贷也应该很早就存在了。据有关资料记载，在公元前300年的战国时期，孟尝君就开始在自己的封邑里放债以赚取利息了。众所周知，孟尝君的门下有3千食客，据说他就是将放债收息作为庞大的开支来源的。但是关于孟尝君是否有放高利贷，现在已经无从考证了。

西方很多国家也早就有过对严禁放高利贷作出明确规定的先例。比如大家都知道的古巴比伦皇帝汉谟拉比所编制的法典中，就曾对债务利息作出过明确的规定：贷谷的利息应是本金的1/3，贷银的利息应是本金的1/5等。

借高利贷会让很多人倾家荡产，这样的事例古今中外比比皆是。

例如在中华人民共和国成立之前，华北一带盛行的“驴打滚”的高利贷，广东一带流行的“九扣十三归”的高利贷方式，尽管二者计算利息的方法各不相同，但都是通过高利率来获得高额的利息。大部分人本就因为家里困窘才会借高利贷，这样利上加利，到期偿还不上的情况时有发生。

高利贷的出现主要有两个方面的原因：一是货币经济很落后，货币需求量非常大，而供应量却十分紧张，自然会使借款利率抬高；二是借款人因为某事而有急用，并且不是用在生产经营上，因此“病急乱投医”、“饮鸩止渴”，明明知道利率过高或未来可能偿还不上也不得不去借。

例如《史记》中就曾有记载，汉朝初年的吴楚七国之乱，首都长安的将领由于缺乏打仗的经费，不得不向当地的商人借高利贷。因为放高利贷的人不知道他们以后到底会不会凯旋而归，因此都不愿意借钱给他们。只有一个人冒险贷了千金给军队，但是要求获得至少10倍的利率。结果3个月后军队就平定了吴楚，这个人不仅如期收回了自己的本金，还一举成为了长安首富。

从全球的角度来看，在资本主义早期阶段高利贷主要是作为一种信用方式存在的，它有着两个方面的影响：一方面，借款之人为了将来有能力承担如此之高的利率，不得不努力进行商品生产、加快货币回笼，客观上推动了商品经济的进一步发展；另一方面，这种过高的利息盘剥也使得小规模生产者的生产经营条件日益恶化，从一定程度上破坏和阻碍了生产力的发展。

从这个方面来说，高利贷是加速自然经济解体、促进商品经济快速发展的原因之一。客观地说，我们可以发现，高利贷较为流行的地区，其商品经济都很发达。

综上可知，正常的利率水平可以反映出资金的时间价值，利率过高则会阻碍国家生产力的发展。虽然在资本主义早期，高利率曾有过很大的贡献，可是总体来说危害更大一些。

存款准备金率的计算

近年来，我国频繁地调整存款准备金率。国家有关经济新闻经常会报道关于存款准备金率调整的消息，很多人就会以为银行的利率又调整了。实际上，虽然存款准备金率和利率二者之间是有关系的，但是两者并不是一回事。

所谓存款准备金，是指金融机构为了保证客户提取存款以及银行资金清算能够顺利进行而必须存在中央银行的存款。而存款准备金率就是指中央银行要求存款准备金占银行存款总额的比例。

存款准备金是一种只发生在金融机构与中央银行之间的产物，并且与存款人只具有间接的关系。实行存款准备金制度的目的主要是为了限制金融机构贷款的规模，与此同时保证客户提取存款以及银行资金清算时能够顺利地实现。

存款准备金率和银行利率之间到底有着怎样的联系呢？一般情况下，如果中央银行的存款准备金率提高了，那么也就说明中央银行发出了紧缩货币政策的信号，此时银行的利率也会随之有所上升。

在金融制度高速发展的今天，存款准备金已经成为最重要的货币政策工具之一，它可以间接地调整货币供应量。如果中央银行降低了存款准备金率，金融机构可以用于发放贷款的资金就会增加了，那么整个社会的贷款总量和货币供应量相应地也会增加；反之，整个社会的贷款总量和货币供应量就会相应地减少。

从1984年起，我国开始第一次实行存款准备金制度，那时是按照存款种类的不同来具体规定法定存款准备金率的，主要分为以下几种：企业的存款准备金率是20%，农村的存款准备金率是25%，储蓄的存款准备金率是40%。经过1985年第2次调整，法定存款准备金率被统一调整为10%。

存款准备金主要包括两种，分别为法定存款准备金和超额存款准备金。

以上三者的相互关系如下：

存款准备金＝银行库存现金+商业银行在中央银行的存款＝法定存款准备金+超额存款准备金

法定存款准备金＝法定存款准备金率×存款总额

超额存款准备金＝存款准备金－法定存款准备金

法定存款准备金是指中央银行在法律赋予的权力范围内，强制要求其他所有银行必须按照规定的比率从所吸收的存款中提取一定金额交存给中央银行。超额存款准备金是指银行全部现金准备中扣除法定准备金后的余额，可以是现金，也可以是其他流动性强的金融资产。

假设银行吸收的存款总额是固定的，在这种情况下，如果法定存款准备金率越高，那么商业银行能够用于发放贷款的资金就会变少，存款和贷款直接能够产生的派生存款量也会变少。

那么派生存款是什么呢？派生存款是商业银行能够创造信用的核心，也是多家商业银行之间连续不断地进行存款和贷款业务共同造成的，不是一家银行能够单独完成的。

下面我们来具体说明一下。一家商业银行吸收到一笔新的存款时，首先要扣除一定比率的存款作为法定存款准备金，然后这笔存款其余的部分就可以被作为贷款发放到社会上去。商业银行会通过这样的流程反复地进行存款和贷款业务，也就会不断形成新的存款和新的法定存款准备金，这样就会使派生存款的规模不断扩大。但是派生存款也不会无限制地扩大，因为存款准备金率不是固定的，会根据市场上货币量来进行相应的提高或减少，所以就会在客观上限制这种派生存款的规模。

经过分析我们可以从理论上了解到，银行存款可以被分为原始存款和派生存款两部分，当然在实际工作中是不会进行这种没必要的区分的，也是分不清楚的。

在现实社会中，存款准备金率的高低对于调控信贷规模，作用是十分明显的。

下面，让我们通过一个最简单的例子来形象地理解一下。假设一个客户把自己的一部分现金存入银行并且这期间都不提取现金，而这家银行只是提取法定存款准备金，此时并不用考虑提取超额存款准备金，那么银行在吸收这个客户的存款后，除了扣除法定准备金的部分，剩下的部分全都用来发放贷款。

在上述假设的条件下，假设工商银行吸收了一笔价值人民币50万元的存款，那么工商银行必须首先按照此时的法定存款准备金率提取一定的存款准备金，然后把它存入中央银行的法定存款准备金账户。此后，这笔50万元存款的其余部分就可以用于向社会上发放贷款了。

假如这时的存款准备金率是14.5%，此时工商银行就要把50×14.5%=7.25

（万元）的人民币存入中央银行存款准备金账户，那么剩下能够用于向社会发放贷款的数额是50－7.25=42.75（万元）。

于是工商银行就可以把这42.75万元贷款发放给企业，假设此时有一个企业取得了这笔贷款并且用于支付了本公司对于某个业务单位的欠款，而这个业务单位同时把收到的支票存入了自己的开户银行招商银行。此时招商银行就有了一笔价值42.75万元的人民币存款，招商银行也必须按照此时的法定存款准备金率提取存款准备金。

假设这个时候的法定存款准备金率仍然是14.5%，招商银行就必须首先把其中的42.75×14.5%=6.20（万元）存入中央银行的存款准备金账户，那么接下来可以用于发放贷款的数额就是42.75－6.20=36.55（万元）。

如果以这样的标准使得这样的存款和贷款过程一直持续下去，那么把这个过程中涉及的所有银行的所有存款累加，我们可以发现，存款总额已经扩大了数倍之多，而所谓的派生存款就是将这些存款累加后的总额减去最初始的存款。

综上可见，存款准备金率的调整与银行利率的调整是有联系的，但两者并不是一回事。可以说，存款准备金对于个人是间接影响，而是银行利率对于个人是有直接影响的。

第九章

货币大循环

——揭开金融危机之谜

2008年爆发的金融危机，很多人仍记忆犹新，恍如昨日的恶梦一般。全球金融海啸对全球经济产生了巨大的影响，造成了货币大循环。那么金融危机是如何产生的，对货币具体有哪些影响？本章将予以阐述。在本章中，你还将了解到经济泡沫的原因、不可思议的银行破产、回不去的金本位制度、银行国有化等金融知识。

金融风险：世界上没有只赚不赔的市场

风险来源于结果的不确定，风险本身并没有好与坏的区别。其实任何事情都是这样的，只要结果有不确定性，都是存在风险的。而风险的大小，其实就是对这种不确定性做出的概率判断。

用金融学来解释就是，金融风险是金融市场的参与者在金融活动中对未来结果不确定性的暴露。虽然这样的解释是对的，但是很多人还是无法理解什么是金融风险，包括金融风险是如何形成的，金融风险会有哪些后果等问题。

要想弄明白金融风险，读者可以通过以下几个方面来了解：

首先，要了解金融风险的类别。按照金融风险的来源，主要可以分为以下几类：

第一种，市场风险

这主要是因为金融市场上的一些价格指标，比如利率、汇率、股票价格、商品价格等的波动从而导致金融资产价值产生波动的风险。当然这些市场因素对于金融机构、投资者个人等金融参与者的影响可能是直接的，也有可能是间接的，其影响各有不同。

第二种，信用风险

这种风险一般是由交易双方中的一方违约，从而导致财产损失的可能性。这种违约有可能是主观的，也有可能是客观的。比如有钱但不偿还就属于主观的、有意的；没有充足的钱去偿还就属于客观的、无意的。信用风险在金融市场中是普遍存在的。尤其是现在网上银行的快速发展，网络金融市场中的信用风险更是屡见不鲜。

第三种，流动性风险

这种风险一般是因为金融资产的流动性较低而导致财产损失的可能性。金融资产流动性降低其实比较好理解，就是之前很值钱的东西，现在不值那么多钱了，或者以原来的价格无法卖出去了，这种情况使得持有者无法换取现金等价物来偿还债务，就会造成一些风险。

第四种，操作风险

这种风险一般是因为金融机构的交易系统不完善、管理失误而造成财产损失的可能性。举个例子，比如你现在拥有一支股票，出现了涨停，你想将其全部变现，但是因为线路繁忙而无法进行操作，等到第二天进行操作的时候已经回落了一些，这就是最简单的、也比较常见的操作风险。

其次，要了解金融风险的特点。金融风险虽然主要依靠主观推断，但是也有一定的客观规律，人们可据此进行推断：

第一，具有客观性

金融风险客观存在，人们无法夸大它，也不可能因为人们的主观想法而消失。这个世界上只要有货币、信用以及银行活动，风险就肯定存在。

第二，具有不确定性

金融风险的大小具有不确定性，金融系统、金融活动、金融决策并不是封闭的，而是涉及生产、流通、消费、服务、分配等很多领域，受到多种因素的影响。

第三，具有传染性

金融活动和国民经济各个部门都有很大的关系，所以其可以通过利率、汇率、收益率等经济变量关系，在各个领域中造成多米诺骨牌效应。

第四，具有可控性

检查和分析活动中的资产结构、赢利状况等真实资料，对于判断和预防金融风险有很好的作用。

再次，还要了解金融风险存在的原因。从我国的国内形势来看，主要由以下几个因素导致金融风险：

第一，国际金融体系范围内缺少最后贷款人

任何国家的中央银行都需要对自己国家的金融体系负责，假如这个国家出现了较为严重的信用危机，比如外债过多、无法实现国际收支平衡等，此时国际金融市场又出现变化，就会造成金融危机。

第二，国际资本流入形成泡沫经济

发展中国家的金融发展较为自由，这样会吸引很多外国资本涌入。这些国外的资本如果没有投向生产领域，而是投放到了资本市场、房地产市场等，容易引起泡沫经济，引发金融动荡只是时间问题。

第三，金融行业本身的内在脆弱性

金融脆弱就是金融行业本身的内在脆弱性，也就是说，金融行业本身就处于一种高风险状态。拿商业银行来说，其既是社会支付结算活动的中枢，又是社会债权债务关系的中介，其会随时遇到诸如挤提存款之类的支付风险，这也会引起金融风险或者使自身破产。

第四，经济周期的影响

在经济较为繁荣的时期，投资扩大、就业增加、企业投机性借贷资金增多，会造成金融资产价格暴涨、信用扩张，产生通货膨胀；而在经济较为萧条的时期，投资压缩、就业减少、贷款规模缩小，产生通货紧缩，这些都会造成金融风险，更不用说这种经济周期交替出现，会对金融活动本身产生很多的影响。

第五，政府的不合理干预

政府对于金融活动不能不干预，但是也不能过度干预，如果不合理的干预，那更是要不得了，但这种不合理的干预其实很常见。

比如，政府主导型经济体制下重点扶持国有企业发展，这样会因为这种特殊政策造成资金非均衡配置，从而使得这种企业融资需求过度，会产生对投入型经济增长方式的依赖；而另一方面，又会降低银行信贷资金的投放质量，从而造成资金使用效率低下、还款困难等问题，最终使得中央银行增加货币投放数量，从而使得发生通货膨胀的可能性增加。

此外，需要了解金融风险造成的后果。较小的金融风险一般不会造成金融危机，但是这种小风险一旦积累太多，将会造成以下后果：

第一，会产生银行危机

银行是负债经营的典型，银行的资金主要来源于吸收存款，假如发生了收款人随时随地提取存款的挤兑风波，就很有可能因为个别银行而波及到整个银行体系，从而产生危机，甚至会有可能导致银行倒闭。

第二，会产生货币危机

企业的经营成本上升、物价开始上涨、通货膨胀加剧等都很有可能造成货币的贬值，而一旦货币贬值，政府将会大幅度提高利率水平以及动用外汇储备，两者的出现，就会使得本国货币的内在价值不稳定。

第三，还会产生债务危机

金融机构的贷款如果无法按时收回到一定量的时候，就会停止或者减少向外贷款，使得情形更加恶化。一旦这种情况持续较长的时间，就会因为流动性不足而形成无力偿还的危机。

最后，我们还要了解如何进行金融风险的监管和管理。

金融风险本身不存在好和坏，而且金融风险不会因个人的意志而转移。但是人们都知道，只有将金融风险控制在可控的范围内才可以使其不影响人们的正常生活。而要做到这一点，就需要对金融风险进行监管和管理。

不过，这里需要提醒大家，金融监管和金融管理，在金融学中是完全不同的两个概念。

所谓的金融监管，是通过制定市场准入、风险监管、市场退出等标准，有效约束金融机构的经营行为。具体的模式主要有：分业经营、分业监管；综合经营、集中监管或者两者兼而有之。但是需要注意，金融监管并不能保证金融机构不发生金融风险、不造成损失。

所谓的金融管理，是通过辨识、衡量、分析金融风险，从而有效控制和处置风险，尽可能地减少和防止损失，从而维护金融系统健康稳定地发展。具体方式主要有：首先，对将会面临的金融风险所影响的程度进行预估；其次，对所造成的影响以及损失的范围、程度等进行衡量和估计，并且做出一个定量的分析；再次，选择合适的策略工具比如风险回避、风险转移、风险保留、风险防范、风险控制等对此进行处理；最后，做出一个有效性的评价，在这个基础上进行调整和改进。

金融风险其实是金融危机的诱因，金融风险又是客观存在的，是不以人的意志而转移的，但是可以通过对其内部进行管理和外部监督，将其控制在一定的范围内。

银行也有破产的风险

如果倒退30年，肯定会有很多人认为银行是不可能倒闭的，因为银行是国家的，不可能破产，国家为了稳定社会和经济，绝对不会让银行破产。

但是随着时代的发展，观念的转变，以及人们认知水平的提高，特别是在2008年金融海啸之后，很多人已经认识到银行是有可能倒闭、破产的。

不仅是国外的银行，国内的银行也是有可能倒闭的。1998年海南发展银行的关闭清算、1999年广东省国际信托投资公司的破产，就是在国内银行倒闭的例子。

其实任何银行都是企业，而企业的最终目的是赢利，如果银行长期亏损或长期资不抵债，或者遇到了自己无法承受的流动性风险，或者违反了国家的法律法规，都会被破产清算。

我们以受到2008年金融海啸冲击的美国银行业为例，很多中小银行都已经倒闭，就算那些巨无霸一般的特大型金融机构也遭受到了冲击。

比如，美国最大的五大投资银行高盛集团、摩根士丹利公司、美林公司、雷曼兄弟控股公司和贝尔斯登公司，在2008年的几个月时间里全军覆没了。刚开始是贝尔斯登公司、雷曼兄弟控股公司和美林公司三家先后破产或者被收购，剩下的两家，高盛集团和摩根士丹利公司不得不转为商业银行。紧接着，美国最大的储蓄银行——华盛顿互惠银行在2008年9月25日这天被美国联邦存款保险公司（FDIC）接管，这也标志着它成为美国历史上倒闭的最大规模的储蓄银行。而更具有讽刺意味的是，华盛顿互惠银行成立于1889年9月25日，可以说是一个不折不扣的百年老店。它倒闭的时间是2008年9月25日，正好是它119周岁的生日，可以说是刚吃完了“生日面”就立刻结束了自己的“生命”。

下面我们先来看看投资银行和储蓄银行的区别。

投资银行就是美国和欧洲大陆对主要从事证券发行、承销、交易、企业重组、兼并与收购、投资分析、风险投资、项目融资等业务的金融机构的称谓。英国人将这种银行称为“商人银行”、日本人称为“证券公司”，而德国人则称为“综合银行”。这种投资银行，与我国的证券公司、信托投资公司、金融投资公司、产权交易与经纪机构、资产管理公司、财务咨询公司等非银行金融机构有些相似。

储蓄银行就是现代西方国家按照银行职能把银行划分为中央银行、商业银行、投资银行、储蓄银行、其他专业信用机构后，其中的一种银行类型。储蓄银行先要吸收公众的存款，然后才能开展金融业务，这种形式的银行在美国非常普遍。储蓄银行具有互助性质，也就是存款人先将资金存入银行，银行再以较为优惠的条件给其他存款人提供贷款。

其实，华盛顿互惠银行倒闭的前一个月，就已经开始寻找买家，但是并没有谁对它感兴趣。美国花旗集团、富国银行、桑坦德公司、美国银行等在仔细研究了其财务状况后，没有谁愿意收购。美国联邦存款保险公司临时接管了华盛顿互惠银行，随后不久就将其部分资产以19亿美元卖给了摩根大通公司。昔日显赫一时的银行成为如今的烫手山芋。

2008年3月，摩根大通公司就已经收购了美国第五大投资银行贝尔斯登，这次其又收购了受到金融危机影响而跌倒的美国特大型金融机构。

华盛顿互惠银行的存款业务已经分布于美国23个州的5400多家分支机构。当时摩根大通公司的收购保证了所有银行储户以及客户不会因为银行的倒闭而受累，也避免了社会动荡。

像华盛顿互惠银行这样的银行业巨头都遭受到了金融风暴带来的厄运，更不用说那些规模比较小的中小型金融机构了。

其实在美国，那些中小型银行受到金融海啸的冲击也很严重，这不仅和美国长期以来实行的单一银行体制有关，也和美国政府的“保大放小”的策略有很大关系。

美国的单一银行体制实行了将近130年，在这种体制下，中小型银行历来都是金融风暴的最大受害者。虽然这些银行的数量很大，但是规模都很小，无法与大银行进行对抗，其抵抗风险的能力非常弱。

在1929年到1933年的经济大萧条时期，美国有9755家银行破产，当时美国银行总数的1/3，给存款人造成将近14亿美元的损失。

在1980年到1994年间，美国有2912家银行和储蓄机构相继倒闭或者相继接受美国联邦存款保险公司的援助，占到了当时银行机构总数的14%。这些倒闭的金融机构总资产大约为9236亿美元，占到美国所有金融机构的1/5还多。当时几乎每两天就有一家银行或者储蓄机构或倒闭或接受援助。

根据美国联邦存款保险公司统计，目前在美国的8451家银行和储蓄机构中，资产在10亿美元以上的就有7777家，占到金融机构总数的92%，而中小银行的资产只占美国金融机构总资产的11.36%。

如果仅从单个银行来看，这些中小型银行想要和大型银行竞争无疑是天方夜谭。那些中小型银行也知道自己实力单薄，无法与大型银行竞争工商信贷业务。因此，它们将主要的工作放在了住房贷款业务上。然而2008年的金融海啸因次贷危机引起，这些中小型银行在危机中备受牵连。

在金融海啸面前，政府救市的重点肯定是规模较大的金融机构，而不是那些数量大、规模小的中小型银行。首先，政府精力有限，无法两面同时顾及；其次，中小型银行倒闭，对美国联邦存款保险公司的危害比较小。

比如，美国联邦存款保险公司2008年6月末的存款保险基金是542亿美元，假如有一家大型银行倒闭，那么很快就会耗尽这些存款保险基金。而对于那些中小型银行，就算是倒闭个几十家也并不会有多大影响，对保险基金基本不会构成威胁。

其实一个国家的政府抓大放小是可以理解的。在美国，那些中小型银行基本上都是自生自灭。美国的存款保险体制决定了它们必须这样做。

在次贷危机的冲击下，2008年美国的房价开始步步下陷，一些银行股被视为垃圾股被抛出。2008年第二季度，在美国联邦存款保险公司“问题机构”名单上就有多达117家金融机构，这比上一个季度增长了30%，创下了自2003年以来的历史新高。而且这种严重的局面在2009年并没有明显好转，甚至很有可能会持续下去。

2008年，美国有25家银行倒闭，这个数字超过了之前5年的总和。2009年2月20日，新年刚过的50天里，又有14家银行先后倒闭。

美国联邦存款保险公司在美国国会听证会上大声疾呼，按照这样的发展势头，在接下来的4年时间里，该公司的损失不会低于400亿美元。它要求美国财政部批准该公司的信贷额度从300亿美元增加到1000亿美元，以增强应对金融风暴的能力。

美国联邦存款保险公司还强调，如果这样持续下去，将无法担保所有美国商业银行存款人的利益。如果出现了这种局面，所有存款人对银行就会失去信心，而这种灾难性的后果显然是所有人都不愿意看到的。

综上可见，银行倒闭是可能发生的，是市场经济规律下的结果。按照现行国际管理金融机构退市的方式，一般有同行接管、行政关闭、破产清算或者兼并收购等几种方式。

次贷危机：都是信用崩溃惹的祸

2008年爆发的次贷危机是于2007年在美国华尔街爆发的。刚开始是次贷危机，到后来就成为了一场全球性的金融海啸。不过从根源上来说这次金融海啸的主要根源还是次贷危机。

关于次贷危机，我们需要通过以下三个方面来进行了解：

首先，要了解次贷危机的概念。

所谓次贷危机，“次”在这里是质量比较差的意思，而在此主要说的是住房贷款方面。

如果房价不断上升，次贷并不会造成危机，因为贷款人只要将房子卖掉，就有了充足的资金去还贷款，但是如果房价下跌，那么危机就会出现。

网上曾经流传过这样一个段子：有一个香港老太太在炒股，这个老太太平时省吃俭用，一直是汇丰银行的股票持有者，经过十几年的操作，这支股的价格已经很高了。但是次贷危机来了之后，汇丰银行受到了很大的牵连，差不多跌回了10年前的水平，这位老太太10年的心血算是白费了，于是这个老太太煞有介事地分析这件事情说：次贷危机就是美国穷人不断向银行借钱，后来他们还不起了，最后只能由银行的股东来埋单了。虽然只是网上流传的一个小段子，但却解释了什么是次贷危机。

其次，要了解次贷危机的演变过程。

很多专家分析，次贷危机引起的金融海啸走过了六步，我们一起来看看它的演变过程。

第一步，时间是2007年8月至9月，其标志是美国多家与次级抵押贷款、次级债相关的金融机构破产。

第二步，时间是2007年末至2008年初，其标志是世界上一些主要银行诸如美国美林银行、美国花旗银行以及瑞士瑞银银行等纷纷因为次级贷款而出现亏损的情况。

第三步，时间是2008年3月，其标志是美国第五大投资银行贝尔斯登濒临破产。

第四步，时间是2008年7月，其标志是美国最大的住房贷款机构房利美和房地美纷纷陷入困境，使得美国政府2008年9月7日开始接管这两家公司。

第五步，时间是2008年9月，其标志是美国第四大投资银行雷曼兄弟控股公司宣布破产保护、第三大投资银行美林公司被迫出售给美国银行；全球最大的保险公司美国国际集团被政府接管；美国政府推出7000亿美元紧急经济稳定法案。

第六步，时间是2009年2月，其标志是各个国家纷纷公布金融海啸爆发以来的损失，推出了一系列大规模的救市方案；信贷危机和经济下滑成为一种恶性循环，并且在金融市场引起的股市中有所反应，股市开始大幅度调整；金融海啸中开始出现贸易保护主义。

再次，要了解次贷危机给全球造成的重大伤害。

次贷危机引发的这次金融海啸，对全球经济和金融的破坏程度史无前例，与1929年的经济大萧条有得一比，其给全球经济尤其是欧美国家经济造成的损害一时难以弥补。

国际货币基金组织指出，此次次贷危机会通过金融系统和其他一些经济领域之间的恶性循环，最大程度地影响到全球经济。普通民众在看到股票价格的不断下跌，房产市场的大萧条之后，开始变得对此担忧和敏感。全球经济进入了整体衰退的时期。

在金融海啸中受影响最大的还是美国，但是第一个破产的国家却是冰岛。冰岛在之前多次获得过全球最幸福国家第二名的称号，很多经济学家都非常推崇冰岛的北欧社会经济的优秀模式，但是谁也没有想到冰岛在金融海啸面前第一个倒下，整个国家的财政迅速瘫痪，接着就是巴基斯坦、韩国、英国相继出现问题，而在此之后，俄罗斯的日子也开始不好过了。

从以上来看，凡是对外资较为依赖的国家和地区，在这次金融海啸中的损失就很大。毫不夸张地说，有些国家的经济因此倒退了几十年，如果事态一直发展下去，也很有可能引起局部性的战争。

第四，要了解爆发次贷危机的根源。

2008年11月在美国华盛顿召开的20国集团领导人金融市场和世界经济峰会认为，宏观经济政策的连贯性缺乏、一些市场参与者过度追求高收益、对风险的评估不够以及责任履行不够到位、经济的改革欠缺等都影响着全球宏观经济的可持续发展，从而导致风险过度，最终引发了严重的市场混乱。另外，一些金融机构设计了较为复杂的金融产品，并且透明度不足，从而引起过度杠杆效应，这也是导致金融危机的重要原因。

那么这次的次贷危机到底最早是怎么发生的呢？

在医学界有一种“0号病人”的说法，什么是“0号病人”呢？就是有一个人第一个得了某种传染病，然后是他将这种病毒扩散开来，传染给了其他人，到了最后，“0号病人”或许并不会感受到这种痛苦。

那么谁又是次贷危机的“0号病人”呢？

美国《时代》杂志周刊对这次金融海啸进行了详细的调查，通过利用金融数据模型，于2009年2月挖出了次贷危机的“0号病人”，这就是美国加利福尼亚州的斯托克顿市，2003年其从银行里借出了一笔25万美元的贷款，然后到39个月之后，因失业加剧最终宣布破产。

2000年年初的时候，美国华尔街上的一些金融家们就开始为不良贷款寻找借款人，他们相继推出了专门为穷人设计的抵押贷款，其实这就是现在大名鼎鼎的次贷危机的原型，这种抵押贷款在2003年开始大量发行。

上面讲到的那位“0号病人”，也就是美国加利福尼亚州的斯托克顿市在这个时候幸运地贷到了这笔款，然后开始“推动”次贷危机的发展。

其实贷款的这些穷人根本就买不起房子，但是现在他们去银行贷款根本不需要做任何形式的抵押，也不需要提供收入证明，同时也不需要首付款等，他们当然非常乐意。但是房价并不可能一直向上涨，当美国失业人口增多、破产者开始涌现的时候，这些贷款的穷人纷纷开始贱卖房屋，使得房价开始大幅度下跌，终于在2007年酿成了影响世界的次贷危机。

最后，要了解金融海啸对我们国家的影响有多大。

此次爆发的金融海啸对我国的直接影响较小，反而提高了中国在全球的经济比重。就好比是在市场中买菜，大家都在涨价，而你的价格涨得最少，那么相对来说就感觉你没有涨价一样。

在2009年2月出台的全球银行排名榜上，我们来看看前十名的排名情况，从第一名到第十名依次是：中国工商银行、中国建设银行、中国银行、英国汇丰银行、美国摩根大通银行、美国富国银行、西班牙国际银行、日本三菱UFJ银行、美国高盛集团公司、中国交通银行。前十名中有4家是中国的银行，而且当时中国工商银行的股票市值是1839亿美元，这相当于美国摩根大通银行和英国汇丰银行这两家大银行的总和，是花旗银行的9倍还要多，这些在次贷危机之前根本是不敢想象的。

美国的花旗银行曾经长期占据第一名的位置，如果不是这次金融海啸的影响，它们这样大幅度降低排名实在是不敢想象的。其实中国工商银行等中国的银行也在遭受股票下跌的损失，只不过相对较小，而2009年年初美国花旗银行的股票市值是210亿美元，其在两年内的缩水率达到了92%。

总而言之，金融海啸爆发的最根本因素是金融体系内部的不稳定性。当然这种内在的不稳定性是客观存在的，如果这种不稳定性达到了一定程度，就会引发金融海啸或者经济危机。

实际上，宏观经济政策的连贯性不足、市场参与者对高收益的过度追求、风险评估和履行责任的能力缺乏以及经济结构改革的不充分，是导致金融风暴的最根本原因。

泡沫经济：再绚丽也终归是泡沫

泡沫经济是我们经常听到的名词，尤其是金融危机之后。此外在金融界还有一个名词——经济泡沫，这两者经常被混淆，实际上这两者完全不是一回事。

我们可以通过以下几个方面来了解泡沫经济。

首先，要了解泡沫经济的概念。

泡沫经济，其实就是虚拟资本过度增长以及相关交易持续膨胀，越来越脱离实物资本的增长和实业部门的成长，从而导致股票、债券、期货、房地产价格飞涨，投机交易过度活跃，是一种虚假的繁荣，这会引发社会的动荡甚至全球性的经济崩溃。

其次，要了解泡沫经济的由来。

在荷兰曾经发生了世界上第一次泡沫经济，也就是当时著名的郁金香泡沫事件。

在那一年，有一个叫格纳（Guesters）的荷兰商人从康斯坦丁，也就是今天的土耳其，购买了一株非常名贵的郁金香花根，回家之后就将它种植了起来。

郁金香是进口货，很多人都将其视作有钱、高贵的象征，认为只要有了郁金香就能够证明自己是个有钱人，而这种风气很快由荷兰扩散到了德国。

1634年的时候，很多人都参与到了炒作郁金香的阵营中，很多人就算是倾家荡产也要去买名贵的郁金香，在最疯狂的时候，郁金香的价格在1个月里上涨了几十倍，一株较为名贵的郁金香花根可以卖到7.6万美元。曾经有一家酒吧在吧台上摆放了一株郁金香，不想被一个醉鬼给吃了下去，而这个醉鬼被判了有期徒刑3个月，由此可见郁金香在当时社会上的地位。

但是，到了1637年的春天，郁金香的价格接连下跌，在6个星期里暴跌了90%，当时政府也开始积极护盘，但是都无济于事，价格还是在不断下跌。荷兰政府实在没有办法了，于1637年4月27日宣布炒郁金香是一种赌博行为，所有原来的郁金香订单都按照合同交易价格的3.5%交易，使得买方或者卖方中总有一方会损失96.5%的财富，郁金香的泡沫也就此结束。

其实，世界历史上出现过很多次泡沫经济，其中一些影响较大的有：17世纪江户时代的元禄泡沫经济；18世纪英国的南海公司泡沫经济；20世纪20年代一战的影响使得欧洲的资金开始向美国流入，从而使得美国股价飞涨，之后出现了美国泡沫经济破裂，进而影响到了整个世界；20世纪80年代日本的泡沫经济；1994年以墨西哥为主的中南美洲泡沫经济；1997年爆发的东南亚金融危机；1999年至2000年美国的互联网泡沫经济；2003年以美国为主的全球房地产泡沫经济；2007年爆发的美国次贷危机，之后演变成全球金融海啸。

再次，要了解形成泡沫经济的理论原因和直接原因。

第一，促使泡沫经济形成的理论原因。

一种是合理泡沫经济预期。

这里所讲的合理泡沫经济，是指在市场充分有效并且经济主体能够作出合理预期的条件下发生的泡沫经济。

我们来看看英国著名经济学家约翰·梅纳德·凯恩斯（Keynes John Maynard，1883~1946年）在其《就业、利息和货币通论》巨著中，是如何以选美比赛为例加以说明的。

约翰·梅纳德·凯恩斯在书中讲道："做职业投资的人就好比是参加选美比赛的人，比如报纸上发布了一条信息，说在发表的100张照片中，要选出最美丽的6位参赛选手，如果谁的选择结果和大众选择结果最相近，那这个奖项就归谁。在这样的情况下，每一个参赛者都不会选择自己认为漂亮的女孩，而会选择那些他认为别人觉得漂亮的女孩。结果，大家都按照这种思路出发，都不选择自己认为最漂亮的女孩，他们开始用智力来推测一般人认为漂亮的女孩。"

这其实就是投资中的"选美投票理论"。这个理论的结果是最终选出来的6位女孩并不一定是最美丽的，其中当然有泡沫，但是大多数人都认为这个是合理的，是可以接受的，所以显得泡沫很合理。

一种是非合理泡沫经济预期。

这里所提到的非合理泡沫经济，是指并非充分有效，或者经济主体不能做出合理预期的条件下而发生的泡沫经济。

其实大量事实可以证明，市场并非总是充分有效，甚至可以说大多数时候都是无法做到充分有效的，所以，出现非合理泡沫经济预期是很正常的。

金融界有一种"愚蠢投资理论"，该理论认为就算是面对股市将要崩溃的风险，还是有很多投资者认为还有可能上涨；还有一种"乐队车效应”，该效应认为，乐队的车子吹吹打打往前走，就有一些人跑出来跟着看热闹。也就是说，合理的泡沫经济预期无法避免，而非合理的泡沫经济预期同样无法避免。

第二，形成泡沫经济的直接原因。

一种是宏观经济较为宽松，从而提供了炒作的资本来源。

泡沫经济一般都是发生在银根较为宽松，经济发展势头较快的时候，也正是此时可以给泡沫经济的炒作提供资金来源。

比如，1955年到1985年30年间日本经济快速发展，成为世界上第二大经济大国，日本国内的企业和民众一旦有钱了就去投资房地产，他们都认为像日本这样的国家，今后的房地产价格只能上涨，绝对不会下跌。大家都是这样想的，也都是这样做的，而且很绝对化，结果自然就造成了土地泡沫经济。

一种是社会对泡沫经济的形成和发展都缺少约束机制。

泡沫经济在逐渐形成，但是社会上对其没有有效的约束手段，这就好比是汽车没有装刹车，这样发展下去终究有一天会出问题。

这种约束主要是通过监管和控制来起作用，但不管是政府、银行还是一些中介机构，都没有有效地控制投机者双方的交易活动。一个愿意买，一个愿意卖，任谁都无法去管，这其实是泡沫经济形成的最重要原因。

比如，当时在日本东京、大阪、名古屋等6大城市经济圈的商业用地平均价格指数1990年比1980年上涨了525.9%，比1985年上涨了342.4%。但就这样上涨也没有人愿意去监控，甚至都没有想到要去监控。很多人都为这种经济繁荣而津津乐道，自然就离危险越来越近了。

第三，要了解经济泡沫和泡沫经济是两个概念。

前文中讲到了虚拟资本和实物资本这两个概念。所谓虚拟资本就是像股票、债券和房地产抵押单等，能够带来一定收入流量的东西；而实物资本是以生产资料和商品等实物状态体现出来的东西。

资金运动应该反映实体资本和实体部门的运行状况，所以按照常理来说，只要金融存在，金融投机就必定存在，而这里讲到的金融投机就是经济泡沫。经济泡沫是一种正常的市场现象，只要控制得当，有可能达到有利无弊的状态，至少其可以促进集中资本、活跃市场以及促进繁荣经济。试想如果一支股票每天只是按照1分钱的上涨程度上涨，那么还会有谁愿意触碰呢？

这就好比是山间流动的小溪，水流动的速度快一些，自然就会激起一些泡沫，但是谁都不会认为这些泡沫影响了河水的质量。这种溪水中的泡沫和肥皂泡是完全不同的，两者之间有着根本的区别。

一般认为，实物资本不易造成泡沫经济，因为这些都是实在的东西，也就是我们平常所说的一分钱一分货。而虚拟资本就不好说了，比如股票，同样一支股票也许会在很短的时间内上涨两三倍，也许会在很短的时间内下跌一半以上，这样其中就必定有泡沫的成分。

也正是因为泡沫经济总是产生虚拟资本，所以人们总是能够看到泡沫经济起源于金融领域，慢慢发展下去就成了金融危机。

最后，泡沫经济证明了市场并不是万能的。

泡沫经济的出现和存在都说明了市场不是万能的，但是也不能就此认为市场失灵了。因为经济泡沫和泡沫经济的运行机制不相同，只要能够加强市场机制、增进公平竞争、促进信息交流、减少决策失误，就能够有效抑制和削弱经济泡沫，但是并不能完全避免泡沫经济的出现。一旦出现了泡沫经济，就不能只依靠市场机制来解决问题，还需要积极寻求政府的干预。

通过供求关系来看，正常的市场机制会促使价格上升，需求下降。如果价格处于上涨中，市场需求就会兴旺，买涨不买跌，这时就需要提高警惕了，因为泡沫经济很有可能要出现了。其实这也是判断泡沫经济是否出现的一个重要判断指标。

简单理解，泡沫经济其实就是虚假的繁荣，就像是一个五颜六色、五彩缤纷的肥皂泡一样，一旦这个泡沫破碎了，一切繁荣就消失了。

金本位制度：为何一去不复返

我们看反映古代生活的电视剧或者电影，会发现古代的商人直接用黄金或者白银进行交易。在古代也没有金融危机这一说，因为黄金本身就是硬通货，自然无所谓危机不危机了。

黄金作为一般等价物最大的好处就是，黄金数量的减少或增多会对货币的供给起到一定的调解作用。如果流通中的货币太多，它就隐藏起来，然后退出流通；一旦流通中的货币不足的时候，它就会自动进入流通领域，从而发挥流通手段和支付手段功能。而且，各个国家的货币含金量有着固定的比例，所以这种关系也贯穿在国家和国家之间的支付和结算中。也正是因为这个原因，用黄金进行交易是不存在金融危机的。

那么，现在人们在交易的时候可以直接用黄金吗？答案当然是否定的。因为当今时代，虽然明明知道使用纸币很有可能引发金融危机，但是人们也只能继续下去。因为在金本位制度覆灭之后，黄金和白银作为硬通货的制度也就不可能再存在了。

纵观历史，并未能看到金本位制度的成功经验，现在自然也看不到金本位制度重新复活的可能。也就是说，如今的国际金融市场已经不可能再重新出现金本位制度，更不可能回到商品本位的时代了。

让我们先来看看金本位制度是如何被废除，如何从人间消失的。

这里讲到的金本位制其实就是黄金作为本位货币的一种货币制度。流通的货币除了金币之外，还有少量的可以兑换黄金的银行券和其他金属辅币，但是只有金银可以执行价值尺度、流通手段、储藏手段、支付手段、世界货币等职能。

国际金本位制是世界上第一个统一的国际货币体系，最早出现在1816年的英国，直到1936年荷兰、瑞士和意大利等最后一批国家放弃金本位制，整整经历了120年。

一般来说，金本位制有三种表现形式：金币本位制、金块本位制和金汇兑本位制。

金币本位制是金本位制三种表现形式中最完整的形式，政府规定其可以自由铸造、自由熔化、自由流通、自由储藏，而且具有无限法偿能力，与金币同时流通的辅币（纸币）也可以随时兑换成黄金。政府在黄金买卖中，能够有效调解市场货币的流通量，最终保持物价的稳定。这种黄金完全可以实现在全球通行，从而稳定了外汇的汇率平衡。

到了金块本位制时代，政府规定可以兑换黄金的纸币中必须有一定的含金量。这样，在政府的规定价格下，人们可以依照一定的比率无限制地实行黄金买卖。金块本位制和金币本位制有着不同之处，这时的金币已经停止了铸造和流通，能够在市场上进行流通的实际上是纸币，真正的黄金其实都已经被各个国家集中储藏起来作为纸币发行的黄金准备，两者之间保持着1：1的比例关系。

再发展就到了金汇兑本位制时代了，也就是说一个国家的货币是通过外汇比价间接和黄金挂钩的。这种货币虽然可以自由兑换成外国货币，但是汇率由政府规定，而且这种外国货币也必须采用金块或者金本位制。比如，中华人民共和国成立之前的“法币”就是先和英镑挂钩，然后再和美元挂钩，因为在当时，美国和英国都采用了金块本位制。

从上述发展过程，我们可以看到同样是金本位制，但是从用黄金直接交易到用纸币来代替黄金进行流通和交易，实际上这种金本位制已经变得非常残缺了，这其实也在宣告着将黄金当作一般等价物的时代已经开始走向衰落，甚至一去不复返。

这个转折的标志是某个国家的国际收支顺差和逆差是否能够做出迅速调整。发生顺差的时候，在这个国家内部，外国货币要多一些，本国的货币要少一些，从而出现本国货币贵、外国货币贱的情况；而出现逆差时，情况正好相反，本国内部的外国货币要少一些，本国货币要多一些，从而出现本国货币贱、外国货币贵的情况。

在金本位制下的货币流通量是取决于黄金产量的，而黄金产量自然受黄金储藏量的制约。一旦生产流通范围不断扩大，黄金就无法满足流通的需要。此时该怎么办呢？只能对存量进行调整了。否则，一旦本国的黄金储备太少，很有可能无法正常应付兑换和国际收支结算的需求。

而更麻烦的是，在金本位制度下，任何国家经济政策的实施都不能自己独立实施。比如，假使你要通过扩张经济的货币政策来发展经济、增加投资和就业，那么该国的黄金储备就会流出，从而对上述政策起到抵消的作用。

幸运的是，上面提到的弊端都可以通过信用货币制度来解决。

信用货币制度则是以纸币作为本位币，其由中央银行强制发行，国家赋予它无限法偿能力,并且规定流通中的纸币不能兑换黄金、白银,此举彻底割裂了纸币和黄金、白银之间的关系。其最大的好处就是政府可以通过发行纸币来调节经济的增长,并且可以通过调整汇率来调整国际贸易和国际收支。

在第一次世界大战之前，当时的国际金本位制度已经出现了要崩溃的苗头，一方面，全球的黄金产量已经无法跟上经济发展对货币供应量的需求；另一方面，一些发达国家通过贸易顺差已经积累了大量的黄金，黄金储备的贫富差距就此出现，而且越来越明显。

到了1913年，英国、美国、法国、德国和俄国这5个国家的黄金储量已经占全球总量的2/3，而世界上剩下的国家加起来只有全球总量的1/3。这些国家的金本位制已经名存实亡了，只能依靠发行银行券艰难度日。

但是，银行券发行得越多，就越难兑换到黄金，更何况有些国家已经开始滥发了。加上不久之后爆发了世界大战，也就是第一次世界大战，各国都开始停止银行券和黄金的兑换业务，而且禁止黄金出口，这就使国际金本位制度不得不瓦解。

为了应对第一次世界大战的需要，各个国家都发行了大量的、不可兑换的纸币。这些纸币在战争结束之后开始大幅度贬值，对该国的经济稳定产生了很大的影响。因此，很多国家没有办法，只能回头，重新走上金本位制道路。

但是恢复金本位制并不是一件容易的事情。就像上面提到过的，全球的主要黄金储量都集中在少数的几个大国手中，况且从全球的角度来看，黄金的总存量已经无法满足流通的需要了，所以这时想要恢复金本位制度比登天还难。当时美国实行的是较为完整的金币本位制；英国和法国实行的是金块本位制；德国、意大利、奥地利、丹麦等30多个国家实行的则是金兑换本位制，真的是五花八门，什么都有。

就算是这样，美国和法国都已经明确表示会优先考虑内部的均衡目标，这样就让其他国家无所适从，进而开始不遵守游戏规则了，国际金本位制的可信度也就开始大幅下降。

1929年到1933年爆发全球性金融危机时，各个国家只能放弃金本位制，一直到第二次世界大战结束，在美国布雷顿森林城召开国际金融会议，重新确定了国际货币体系。

为了重新设计新的国际货币体系，以配合第二次世界大战后各国的重建工作，英国和美国于1943年4月7日分别提出“凯恩斯计划”（凯恩斯是英国财政部顾问）和“怀特计划”（怀特是美国财政部部长助理），开始争夺国际金融领域的主导权。

第二次世界大战之后，美国无论是政治上还是经济上都远远超过了英国，所以怀特提出的“联合国平准基金计划”，也就是“怀特计划”在布雷顿森林体系中起到了主导作用，由此形成了以美国为中心的新的国际货币体系。

在布雷顿森林体系的会议上，建立了一个永久性的国际金融机构即国际货币基金组织，其主要职能就是协调国际间的货币政策。自此之后，各个国家的政府都可以用美元与美国政府兑换黄金。

布雷顿森林体系的建立是金本位制度彻底结束的标志。当然，布雷顿森林体系本身也存在很多缺点，这些缺点也最终导致了其被牙买加体系取代。牙买加体系是由1976年1月签署的《牙买加协议》而产生的，这也标志着国际货币体系进入到了一个全新的时代。

金本位制度和信用货币制度都有各自的优点，同样也都有缺点，后者是前者的升级和换代。而我们现在处在这样一个信用时代，金本位制度已经一去不复返了。

银行国有化：有效应对金融危机

在2008年次贷危机引发的金融海啸中，各个国家纷纷采取措施进行救市，从而引出了一个金融学名词——银行国有化。

所谓银行国有化，其实就是把银行收归国家所有的这个过程。需要指出的是，银行国有化是国家所有制经济形成过程中非常重要的一个步骤，换句话说就是，如果资本主义国家的国家所有制不发生变化，就算是实现了国有化，那也是国家垄断资本主义的国有化，依旧是国家资本来保证私人资本取得高额垄断利润的手段，其资本主义私有制的性质是无法被改变的。

2007年9月，在英国率先掀起了和这次金融海啸有关的银行国有化。美国的次贷危机同样波及到了英国，英国诺森罗克银行遭遇到了上百年都没有见过的挤兑风潮，英国中央银行也因此而向这家银行注资，希望通过努力帮助其渡过难关，并于2008年2月决定暂时将这家银行实行所谓的国有化。

到了2008年10月，这场次贷危机演变成了全球性的金融海啸，各国银行都出现了经营困难的局面。在这种情况下，英国于该年10月8日推出了金额高达5000亿英镑的“一揽子”银行救援计划，核心内容就是要实行银行国有化，当时直接由政府给各大银行注资500亿英镑，而其中最大的八家银行在第一时间就可以获得总额为250亿英镑的注资，政府就此获得了相对的优先股，而且剩下的250亿英镑也会在短时间内到位。

也就在当天，英国中央银行宣布，将通过“特别流动性计划”对各家银行提供至少2000亿英镑的融资。就此，作为英国政府银行救助计划的重要组成部分，还特地成立了一个特别公司为银行和建筑协会提供保证，其涉及的资金有2500亿英镑之多。

到了10月13日，德国、法国、英国、西班牙等国同时宣布注资或担保各自的金融机构，承诺总金额高达2万亿欧元，相当于2.715万亿美元。美国政府也在第二天宣布，将会拿出刚刚通过的7000亿美元紧急经济稳定方案中的2500亿美元用于购买“问题银行”优先股。此举表明美国政府也认可了这种方法，至少比之前的购买金融机构不良资产要有效得多。

法国国民议会也宣布，政府将以国家参股形式来拯救濒临破产的法国金融机构，只不过这种国家参股公司和英国的方式有很大不同。法国政府并没有从财政预算中拨出款来，只是建立了一种快速反应机制，以此对金融机构进行帮助。

也就是说，当法国的某家银行要破产了，法国的国家参股公司会在市场上以优惠条件筹措资金，以某种形式入股该银行。这样做既可以避免这家银行的倒闭，还可以在该银行救助起来之后的某个合适机会抛出这些国家参股公司持有的股份，从而赚取一些红利。

意大利政府针对这次金融危机也专门采取了一些紧急方案，建立了一支稳定的基金，这支基金在关键的时候可以直接注入那些陷入困境的银行，从而解决意大利银行遇到的流动性问题。

从上述国家采取的措施来看，欧美国家已经掀起了银行国有化热潮，但是这些做法都没有遏制金融海啸的发生，金融海啸继续迅猛发展。

也正是因为这个原因，从2009年1月开始，英国又带头出台了第二轮金融救援计划，也就是政府给苏格兰皇家银行继续注资，从而将原来持有该银行58%的股份变成了70%，英国政府成为了这家银行的大股东。

其他资本主义国家也没有闲着，诸如美国和德国等国家也纷纷再次帮助银行。2009年2月18日，德国政府签署政令，要求政府把受金融危机影响的德国住房抵押贷款银行“超级地产”收归国有，想通过这种办法避免金融风暴带来的崩溃。虽然该法令在当时遭受到很多人的反对，但是德国政府推出这项法令其实是非常无奈的。从2008年9月开始，德国政府已经陆续为该银行提供了将近520亿欧元的贷款担保。

2009年3月，美国政府也再次注资花旗银行，这是其在半年内第三次这样做，同时也将该银行的持有股份变成了36%。

在上述这些国家的救援方案中，最为直接的要数英国政府所采取的措施了，也就是说英国的国有化之路走得比较远，措施也相对较为有力、全面和有效。其最大的特点是，并非政府直接买下银行的不良资产，而是通过入股银行的方式来救助银行。

但不管是英国、美国还是其他国家，它们的做法都未能阻止和终结金融海啸。也就是说，它们走的并不是真正意义上的银行国有化之路。

从本质上来说，银行国有化是由政府来出面收购、控制、经营、管理金融机构，它的核心是“管”。政府如果懒于去管或者根本就不管，是不可能实现银行国有化的。根据这一点，各国政府在金融海啸中的表现其实都不是严格意义上的国有化。

以美国为例，美国政府接管了房地美和房利美两家住房抵押贷款公司，其最终目的只有两个，一是保证这两家公司最终不要崩溃；第二就是在未来合适的机会里，它们会出售政府持有的这两家公司的股份，从而取得一些好处。也就是说，美国政府的根本并不是“管”，而是在“卖”上，这显然和国有化相去甚远。

而美国给全球最大的保险公司——美国国标集团注资，完全是在美国联邦储备委员会影响下的结果，后者在本质上是一家私营企业，就相当于我们国家的某行业协会，这样就与政府出面救助没有任何关系了。

很多人对罗斯福新政津津乐道，但是面对1929年爆发的金融危机，美国前总统罗斯福采取的救市措施和传统意义上的救市虽有不同，但是其和所谓的银行国有化没有任何关系。罗斯福新政最主要的内容是复兴银行、以工代赈、改善劳资关系等，这和现在的银行国有化并不沾边。

复兴银行政策是和银行国有化较为接近的一项政策。其核心是实行“许可证制度”和单独审查机制，以此来促使大批面临倒闭的银行重新开业。在这个过程中，政府会出面扶持一些有活力的银行，并且淘汰一些没有前途的银行。这和国有化也有一定的出入。在这次金融海啸中，美国政府并没有对各大银行采取接管、控股、直接管理的措施。

我们再看以工代赈政策，此项政策算是最接近“社会主义特色”的救市政策。但是深入了解之后，人们就会发现实际上就是大规模投资建设各种基础设施，本质上与我国政府拉动内需的政策有些相像，但是这并不是银行国有化的做法。

一般情况下，银行国有化只能发生在社会主义国家中。在资本主义国家，私有资本占据统治地位，国家的政治和经济命脉一般掌握在少数人手里，自然是无法实现银行国有化的。

对此很多人就会问，既然这样，那为什么美国等一系列发达资本主义国家要采取入股金融机构的方式救市呢？其实这是因为它们不想大型金融机构倒闭，以及不愿看到经济衰退，同时也表明政府始终没有放弃过国家对经济的直接干预。

总之，以美国和英国为首的资本主义国家推出的一系列救市措施中，带有一些银行国有化的味道，但是终究不是真正意义上的国有化。

第十章
货币国际化
——强国的金融战略

2008年金融危机后，美元开始贬值，与此同时，中国经济高速发展。2010年，中国超过日本成为全球第二大经济体；2013年，中国成为全球第一大货物贸易国，人民币的国际结算地位逐渐得到改善。尽管如此，货币地位与贸易地位的不匹配现象，还是影响了贸易的进一步发展。近年来，随着中国经济的发展，人民币国际化进程逐渐加强，其所呈现出的全球化趋势加强了全球货币系统的稳定性，并削弱了美元的霸主地位。在全球经济新的背景下，人民币国际化更为迫切。

硬通货？人民币会不会取代美元

2008年开始爆发了金融危机，几乎每天都能听到的话就是人民币在升值，很多人都开始憧憬，人民币会不会取代美元？

也有很多人很不专业地认为，中国人有一天会不会像美国人一样牛气哄哄的，用印钞机整天自己来“哗哗哗”地印人民币，我们到世界上任何国家都可以用自己的货币购买商品，获得各种服务和资源。

这些听起来就像梦一样，而专业一些来说这其实就是人民币的国际化。

那我们现在以专业的角度来看看人民币国际化到底是什么。

人民币国际化其实就是人民币能够变成所谓的“国际货币”，跨越国界在境外流通，成为国际上普遍认可的计价、结算及储备货币的过程。

一些经济学方面的专家指出，人民币国际化主要包含三部分的内容：第一，人民币在境外享有一定的流通度；第二，以人民币计价的金融产品成为国际各主要金融机构包括中央银行的投资工具，这一点也是最为重要的一点；第三，国际贸易中以人民币为结算货币的交易要达到一定的比重，这一条也是最关键的一条。

这三点其实也是衡量一种货币是不是国际货币的三条标准。

马克思在很早的时候提到过一个“世界货币”的概念，实际上就是现在所指的国际货币。关于这个词语其实包含着很丰富的内容。

实物货币的年代，人们都是用黄金、白金以及铜作为货币，货币的额度其实就是实物商品的数量，不管是黄金、白银还是铜，它本身就是一种国际货币。

马克思也曾经提出“货币天然是金银”的说法。黄金、白银和铜天然具有货币的天然属性，它们本身其实就是有价值的商品，其中包含着劳动人民的汗水，当然可以作为贸易的一种凭证。

其实，黄金、白银甚至铜都是最早的国际货币。

西班牙和荷兰这两个全球性殖民帝国的崛起，使得西班牙银元和荷兰盾银币成为最初的国际货币，尤其是这两个国家处在鼎盛时期时。

而第一个可以称为国际化的纸币应该是英国的英镑了。英国是世界上第一个采用金本位的国家，1717~1914年的近200年的时间里，每一张英镑所代表的黄金数量从来就没有变动过，每个人拿到了英镑都可以兑换成黄金，人们对这种硬通和有信用的货币非常喜欢，同时也非常信赖。

英镑之所以能够冲出英国，走向世界，主要还是因为英国占领了大片大片的海外殖民地，作为殖民地的统治者他们自然会将自己的货币——英镑推向世界各地，况且英镑本身就具有很好的信用，可以随时随地兑换黄金，英镑这种纸币成为国际化货币自然是顺理成章的事情。

总体上说，英镑这种纸币能够成为国际化的纸币主要和它日不落帝国的命运不可分割。当然随着两次世界大战，英国这个老牌强国已经越来越支撑不住黄金自由兑换的面子了，英镑的国际地位也开始慢慢弱化，美元则成为国际储备货币的第一名，而且一直保持着良好的势头。

英镑在200多年里一直保持价值不变，但是美国纸币并不是这样，美元的价值在1934年1月由当时的美国总统罗斯福一下子打了个六折，由原来的相当于1.504656克黄金变成了0. 888671克黄金，就算是这样，美元还是第二次世界大战前后唯一能够保证兑换成黄金的纸币，在此期间也只有美国有这样的实力。

1944年的布雷顿森林体系确认了美元“等同于黄金”的地位，随后又通过“马歇尔计划”加强了其在欧洲国家的流通，随着这一系列的变动，英镑将国际储备货币的“王位”让给了美元。

1971年，当时的美国总统尼克松作出了一个重要决定，关闭黄金兑换的窗口，布雷顿森林体系就此垮台，这也点燃了世界范围内的通货膨胀，5000年的经济史有了巨大改变，人们逐渐从纯粹的阿拉伯数字中觉醒了过来……

此后，“国际货币”之争陷入了群雄逐鹿的局面。虽然世界上很多货币有所抬头，美元的势头有所减缓，但美元作为国际货币储备领域的“老大”地位始终没有改变过。老二、老三、老四的位置随着经济大势的变动而时有变化，英国的英镑、德国的马克到日本的日元，再到法国的法郎、瑞士的法郎，到了1999年，欧元开始犹如一匹黑马杀了进来，老二的位置终于确定了下来，直到现在也没有改变过。

虽然人民币不断升值，但没有在国际储备货币中争得第一位的可能，甚至排前几位都有困难。对此，我们通过历史来分析一下国际储备货币构成的问题。在唐朝、宋朝、元朝和明朝，中国的经济几乎占到了世界经济的一大半，也算是当时世界上最强大、最富有的国家，甚至可以说是一个“超级大国”。从宋朝开始中国就使用纸币，世界各国的商人来中国做买卖，他们并把中国的纸币当作财富储存带回他们自己的国家，他们只是作为他们的贸易工具，黄金、白银和铜更被他们所认可，中国的瓷器、香料和丝绸等实物商品也受他们欢迎。

通过上述分析我们可以看出，自1971年美国关闭美元兑换黄金窗口之后，世界各国政府依然将大量的美元纸币作为财富储存起来，可以说是人类5000年历史上最为奇特的一幕。

超越国家主权的货币：欧元

德国的马克以稳定而著称，之后的欧元也是这样，可以说是世界上最为稳定的纸币，但让人想不到的是，在津巴布韦发生恶性通货膨胀的2008年至2009年之前，世界上面额最大的纸币居然出自于德国，在1922年到1923年之间的通货膨胀中，德国的纸币马克最大的面值是100万亿。

经历了恶性通货膨胀的惨痛教训之后，德国人对于货币价值稳定始终抱以高度警惕，对于政府支出的财政约束极严，也是第二次世界大战之后世界上对货币贬值容忍度最低的国家。

对此，我们可以通过发行国债来了解一下。发行国债是西方国家常用的发展国家经济的方法，但是德国在第二次世界大战之后对此非常谨慎，直到1983年西德才第一次发行国债。

1971年之前，美元和黄金挂钩，也是唯一的国际货币。西德马克和美元挂钩，美元和德国马克之间的汇率是1：4，这一汇率从1945年开始一直持续到1971年，历经27年。在这27年间，美元能够随时随地兑换成黄金，而马克则不能兑换成黄金，也就是说，货币储备在这段时间内和马克没有任何关系。

等到布雷顿森林体系垮台后，美国人开始大肆印美元，直接导致了美元纸币的贬值，美元的购买能力开始有了很大程度的下跌，这种国际货币的稳定性受到人们的广泛质疑。虽然德国在1970年前后受到石油危机的冲击，但德国马克还是保持着市值的稳定。

1970年到1989年，德国的通货膨胀率在整个欧洲都是最低的，当时最糟糕的是意大利。相比美国和英国这些国家百分之几十的数据，德国的通货膨胀率只有3.9%，这也为德国马克树立了很好的信誉，使得整个欧洲大陆的货币价值都依靠德国马克的名义支撑着。

现在很多中国人都希望人民币能够国际化，但在1980年前后的德国政府并不希望国际贸易中使用德国马克，他们认为这样会影响到德国中央银行对马克数量的控制，从而影响到德国马克的汇率稳定性。

也就是说，并不是德国人主动推动“马克国际化”，德国马克之所以能够站在“国际化”的舞台上，完全是因为布雷顿体系垮台之后的20年里，世界各国人民对德国马克的信赖。当时德国的国家经济整体比较强大，进出口贸易占到欧共体国家的60%~70%，与当时非常不稳定的美元相比较，大家都开始习惯使用德国马克。

在这里我们先引入一个概念——欧共体。

第二次世界大战结束后不久，在1952年，西欧法国、联邦德国、意大利、荷兰、比利时和卢森堡六国联合建立了欧洲煤钢共同体，1958又建立了欧洲经济共同体和欧洲原子能共同体。

1965年4月8日，上述6个国家又签署了布鲁塞尔条约，上面提到的欧洲煤钢共同体、欧洲经济共同体和欧洲原子能共同体三个机构合成一体，简称“欧共体”（EC）。欧共体成立之后，成员国数量迅速增加，相互之间的关系也变得非常密切，而在1993年欧洲共同体发展为欧洲联盟，简称

“欧盟”（EU）。

1990年7月，随着各国人民对德国马克的信赖和依赖，以及其固有的稳定性和德国经济的分量，当时的欧共体开始尝试资本流动自由化，欧洲经济货币联盟第一阶段开始实施。

1991年12月，欧共体的成员国首脑在荷兰召开了马斯特里赫特首脑会议，会上通过了建立欧洲经济货币联盟和欧洲政治联盟的《欧洲联盟条约》（也称《马斯特里赫特条约》）。等到了1992年，欧共体各成员共同签订了《欧洲联盟条约》，条约生效之后对欧洲各个国家的财政起到约束作用。

在《欧洲联盟条约》中有明确规定，欧共体内部各个国家实行资本的自由流通，统一市场，完美协调经济政策。欧共体内的所有国家都要努力降低财政赤字，将财政赤字控制在GDP的3%以下，而且规定，各个成员国都要将国债和GDP的比值保持在60%之下。

3%和60%是两个硬性指标，这也成为其他欧盟国家加入欧元区的标准。2009年，葡萄牙、意大利、爱尔兰、希腊和西班牙，5个国家爆发债务危机也与他们没有遵守这两条标准有很大的关系。

1995年12月，欧盟决定使用欧洲单一货币，也就是欧元（Euro）。

1998年6月，欧洲中央银行成立，区域货币一体化进入加速阶段。

1999年1月，欧元诞生。

2002年1月，欧元正式在欧元区流通，各国的主权货币慢慢开始退出了流通领域。

由于德国是欧元区经济分量最为重要的一个国家，以及他们在应对通货膨胀方面的优异表现，所以欧元一经发行就受到了各国人民的认可。不过，2000年以来欧元区的经济发展相对较慢，与美联储快速增加钞票供应不同的是欧元币值始终保持着稳定的态势，欧盟的约束也使得欧盟任意一个成员国无法随意印刷钞票，此举也增加了人们对欧元的信心。

比起美元，升值的欧元更深得人心，很多国家开始将欧元列为自己的外汇储备，在国际贸易中，一些非欧洲的国家都开始使用欧元，从而推动了欧元的国际化步伐。

到了2009年年底，“欧洲五国”债务问题相继爆发；再加上2010年5月欧盟央行印钞“救市”的决定，使得欧元一路下行，欧元对美元的汇率降到了1.3：1左右。

当然，挺过来的欧元，因为拥有约束力的财政纪律，所以这种货币比美元更加值得信赖；而挺不过来的欧元，面临的结局则会是欧元区解体。

日元在国际化货币上的昙花一现

德国马克有欧盟可以依靠，而日元的国际化之路虽然有美元的扶持，但是走得踉踉跄跄。

其实，日元到现在也没有实现国际化，这个可以理解，亚洲国家如果都使用日元作为外汇储备，那么美元该怎么办呢？

不过，日元的国际化之路，对人民币来说有很大的借鉴意义，因为两者之间有着几乎相同的背景。

其实任何货币的国际化之路，都是因为政府和人民对当前的国际货币不够满意，具体不满意的原因在此我们不去探讨。走向国际化的货币就是要利用大家对已有国际货币贬值的不满意，从而让自己国家的货币逐渐开始升值，最终取而代之。美元、德国马克和欧元，以及日元都是如此。

升值就是一个货币走向国际化的主要途径。

通俗地说，当一种纸币对其他货币的价值比较稳定，在稳中缓慢有所升值，别人自然就愿意持有这种货币。贬值的货币就连本国百姓都不愿意持有，更不要说其他国家的人了。

在1985年9月，签订了著名的《广场协议》。所谓《广场协议》，20世纪80年代初期，美国财政赤字剧增，对外贸易逆差大幅增长。到了1984年，美国的财政赤字达到了触目惊心的1000亿美元，美国希望美元贬值，从而增加出口的竞争力，改善美国国际收支不平衡现状。所以在1985年9月22日，美国召集了日本、联邦德国、法国以及英国的财政部长和中央银行行长在纽约广场饭店举行会议，达成了一项协议。协议规定，5个国家政府联合干预外汇市场，从而诱导美元对主要货币的汇率有序地贬值，从而解决美国的巨额赤字。因为该协议在广场饭店签署，所以被称为“广场协议”（Plaza Accord）。

当时的日本是美国在亚洲最亲密的朋友，所以日本贯彻执行了这项协议，日元迅速升值，短短3个月内日元升值达到了25%，一年之内升值70%，两年之后升值更是达到了110%，日元和美元最初的汇率是1：300，一下子升到了1：100，升值的幅度高达200%。

这个状况和2005年以来的人民币非常相似，当时的人民币兑换美元也经历了这样一个升值的过程。

1995年，日本外汇审议局发表了《关于日元的国际化》等一系列官方文件或协议，正式开始推进日元的国际化进程。为了能够让日元在国际范围内广泛流通，日本凭借自己雄厚的经济实力，开始向中国在内的很多亚洲国家提供大量的日元贷款，使其接受日元的逐渐升值，鼓励这些国家在贸易中采用日元结算，日元开始走向世界。

这个道理其实很简单，一种货币在两三年的时间里升值了100%还要多，别人当然愿意持有了。

1980年的时候，日本的进口贸易中，按照日元结算的比重还不到2.4%，世界各国外汇储备中日元的比例只占4.5%，各国银行对外资产中，日元的资产也不过只有3.7%。

在1990年，日本的进口贸易中，按照日元结算的比重升到了14.5%，世界各国外汇储备中日元的比例也占到了8.0%，各国银行对外资产中，日元的资产占到了13.5%。很明显日元实现了国际化。

但是这只是昙花一现，在1990年日本以房地产拉动型和金融投机型的经济泡沫破灭以后，世界人民对日元的信心再度下降，很多国家开始拒绝日元，在1999年底和2000年初，世界各国的外汇储备中，日元的比例开始明显下降，只占5.1%，其中大部分是被中国持有，世界各国的日元资产比例也降到了8.7%，全世界日元债券的比重也从之前的17.3%降到了8.6%。

2000年欧元开始流行起来，尽管日元对美元还在坚挺，但是日元在国际货币体系中已经处于边缘化，成了“食之无味，弃之可惜”的鸡肋。

自此，日元的国际化以失败告终。

卢布国际化的惨败史

第二次世界大战之后，世界被分为，社会主义和资本主义两大阵营。很显然这两大阵营针锋相对，不是朋友就是敌人。

当时的美国成立了一个布雷顿森林体系，使得美元成为了资本主义国家的国际货币，从世界经济中攫取了巨大利益。作为社会主义“老大哥”的苏联显然不愿意束手待毙。

1917年，苏联取得了“十月革命”的胜利，其废除了腐朽、反动的金本位，自此苏联开始大量发行俄罗斯卢布，因为纸币不断发行，其对实物商品持续贬值。被逼在悬崖边的苏维埃政权，开始发行自己的货币——“科仁基（Kerenki）”，可是这种货币没有任何信誉保证，发行之后便遭到了贬值。当时苏维埃的一些革命家们认为革命成功之后就可以实现共产主义，到那个时候货币的作用就不会很大了，所有人都没有在意货币的滥发行为。

当时有一位叫格里高利·索克林科夫（Grigory Sokolnikov）的俄罗斯籍的著名银行家，由列宁特批，使其于1921年11月26日进入“人民金融事务委员会”。当时格里高利·索克林科夫就给列宁提出建议，他认为如果不尽快稳定货币，就会使经济动荡，最终遭受很大的损失。

列宁权衡良久，决定采纳格里高利·索克林科夫的建议。

格里高利·索克林科夫开始恢复沙皇俄国的金本位，1922年，苏维埃政权又一次正式发行了自己的货币——“切沃奈茨”（Chervonets），当时1个切沃奈茨相当于7.742克黄金，由25%的黄金和75%的实物商品作为支撑。

因为有黄金和实物商品的支撑，切沃奈茨货币当时的信誉非常好，发行之后迅速站稳了脚跟。之后苏联开始币制改革，1个切沃奈茨可以兑换5万旧卢布，苏联的经济开始复苏，苏维埃政权终于存活了下来。

切沃奈茨在苏联的新经济政策中发挥了重要作用，直到二战前夕始终保持着重要地位。

列宁去世之后，索克林科夫调任苏联驻英国大使。但是1938年斯大林发动了大清洗运动，索克林科夫被审判有罪被关进监狱，最终以“狱中斗殴”被打死，新经济政策就此终结。

但是，1920年左右通货膨胀的后果让很多苏共领导人心有余悸，他们脑海中确定了稳定经济的货币必须与黄金挂钩的想法，再也不愿意发行那种没有支撑的货币。

在二战爆发的前后几年，苏共开始大量发行切沃奈茨，从而导致了其贬值。在1947年苏联进行货币改革，开始发行新卢布。当时规定1个新卢布相当于10个切沃奈茨，但1个新卢布的含金量却下降到了0. 222168克，在这个基础上，东欧各国货币和苏联的新卢布建立了固定的汇率联系。

用今天的眼光来看，苏联开始了“卢布国际化”的进程。

因为含金量较为稳定，新卢布也成为了社会主义阵营中各国的硬通货。苏联本身就是一个黄金生产大国，为了展现自己的经济实力，1961

年，苏联又一次开始货币改革，1个新卢布的价值被确定为0. 987412克黄金，0.9个新卢布就可以兑换1美元。

这种卢布一直使用直到苏联解体。

1971年，美元与黄金脱钩，卢布开始快速升值，在最高的时候，可以用0.5卢布换回1美元。

但是从整体上说，当时苏联以及整个社会主义阵营的民用产品都很缺乏，就算东欧国家的人民拿到了卢布，也无法换来生活用品，倒是美元可以在西方国家换来东欧国家需要的商品，东欧国家甚至苏联自己都对美元有一定需求。

因为这种需求，所以美元实际上已经走入社会主义阵营。

苏联整体上实行的是计划经济，很多交易不需要通过市场来实现。而且当时的苏联地大物博，各种资源非常丰富，基本可以自给自足。

也正是因为这样的原因，苏共领导人并没有推动“卢布国际化”的动力。

苏联从本质上说是一个专制独裁的政权，社会主义阵营的东欧一些国家也对其有了间隙，逐渐不相信其体制。苏联解体之后，波兰、南斯拉夫、捷克斯洛伐克、罗马尼亚等社会主义国家先后与苏联反目成仇，苏联卢布的国际化最终也没有成功。

瑞士法郎举足轻重的货币地位

苏联依靠自己强大的实力、国土以及雄厚的资源来博取货币国际化之路没有走成功，但是有个国家虽然国土面积狭小且资源匮乏、人口不多、经济规模也不大，但这个国家的货币却是非常著名的国际货币，该国在金融领域的国际地位也不容小觑。这个国家就是瑞士，瑞士法郎在国际经济市场中有着重要的地位。

可能很多人会奇怪，瑞士这么小的一个国家怎么可能拥有国际货币呢？别人为什么愿意用瑞士法郎呢？

道理其实很简单，一个多世纪以来，瑞士人都是将自己的货币和金银绑定在一起。

1850年，瑞士联邦将瑞士法郎确定为法定货币，并且确定1法郎=100生丁（centime），最初的价值与当时的法国法郎几乎等同。在多次战争中，瑞士一直执行中立政策，所以从1848年建国到现在，瑞士一直远离战火，从未遭受战火的摧残。

19世纪开始，瑞士的银行家们在国际上享有盛誉，虽然法国法郎随着本国政治和经济的变动而发生过多次变动，但是瑞士法郎却始终保持稳定，一直保持着货币和实物金银之间的联系。

布雷顿森林体系建立后，在1952年确定了1瑞士法郎的含金量是

0.2032258克；而到了1971年5月份布雷顿森林体系解体前夕，瑞士将瑞士法郎的含金量提高到了0.2175926克。

在尼克松关闭了美元和黄金的兑换窗口之后，瑞士法郎这种与实物商品有联系的货币，更加受到人们的信赖。

布雷顿森林体系前后，瑞士人始终坚持金本位，到了19世纪90年代中期之前，每发行1瑞士法郎都有40%的黄金作为支撑，当时已经是世界上唯一与实物商品相联系的货币。

19世纪七八十年代，随着美元的贬值，国际市场上开始疯抢德国马克和瑞士法郎，使得瑞士法郎的汇率不断上升，更多的人开始将资产转换成瑞士法郎，此举导致瑞士国内产生了通货紧缩，即便在这样的情况下，瑞士央行仍旧保持瑞士法郎可兑换黄金的功能，此举让全世界人民更加相信瑞士法郎。

在20世纪80年代的世界金融中心排名上，瑞士一度超越了伦敦，排在世界第二位，促使瑞士成为一个重要的国际金融中心。那么，到底是什么原因使得瑞士有这样的地位呢?

应当说，经济、金融和货币的长期稳定状态；金融机构骄人的业绩和优良的服务质量；银行和保险业的悠久历史和丰富经验；多语言、高素质的员工队伍；再加上适当的金融市场法律、持续而有效的金融市场监管等原因，使得瑞士成为了重要的国际金融中心。

此外，瑞士国内始终保持着稳定而较低的通货膨胀率，以及低利率的货币环境，瑞士法郎在购买力上始终保持稳定，加之瑞士是保持中立的国家，国内的政治和经济相对比较稳定，瑞士银行还对外国人在其境内的存款信息严格保密，这些原因都让人们对瑞士和瑞士法郎增添了信任。

但是，在瑞士还是出现过经济裂隙。

1992年，瑞士希望能够加入国际货币基金组织（IMF），但是IMF将瑞士法郎斩断金本位、出售黄金储备作为其加入IMF的条件。瑞士不得不出售大量黄金，并且于1997年将每1瑞士法郎的含金量由原来的40%降到25%。

到了1999年，瑞士不得不废除了金本位，世界从此进入了纯纸币的时代。1999年瑞士决定出售自己一半的黄金储备时，直接导致黄金价格接连低迷两年之久。即使这样，瑞士仍旧是世界第六大黄金储备国。

瑞士废除金本位之后，从2000年开始瑞士法郎的国际货币地位开始下跌，随之又在2008年爆发了金融危机。瑞士央行响应美联储和英格兰央行的号召，实行了“量化宽松”的货币政策。其实，作为国际货币，瑞士法郎的前景不容乐观。

虽然如此，瑞士还是拥有与其国家规模不相称的巨额黄金储备，而且瑞士法郎比起美元和欧元来说要好很多。

是什么促成了一国的货币国际化

根据历史经验总结，影响货币国际化的要素主要有五个方面：

第一，该国在全球经济中的相对规模；第二，该国贸易在全球贸易总量中的相对规模；第三，该国货币的币值稳定性；第四，该国金融市场的稳定和完善程度；第五，该国货币在历史上的信用情况。

荷兰盾是世界上最早的国际化货币，17世纪的荷兰，即便是在战争年代，也不会干预敌对国家在自己国家的银行里提取现金。

自从牛顿将1英镑的黄金价值确定之后，在几百年间，英镑的含金量业已成为英国人心中的圣像，神圣不可玷污，所以他们在无数次战争之后，都会确保自己的币值稳定。为了确保英镑的含金量，为了能够控制黄金，英国不惜和其他国家开战，甚至不惜让自己在第一次世界大战之后陷入经济“陷阱”，始终坚持捍卫英镑的国际地位。

不管是西班牙、荷兰、英国还是现在的美国，它们在成就本国货币国际化的时候，其政治体制也代表着最先进的生产力和生产方式。

西班牙是欧洲经历了中世纪黑暗之后出现的第一个强大的封建制王权国家，他们非常鼓励冒险，从而激发了国内民众对新世界的向往；荷兰通过地区联盟的方式，造就了世界上第一个资本主义国家，他们不设国王，在有重大事情的时候都会通过人民代表的方式商议，一直鼓励实行人人平等的理念，鼓励人们能够参与到工商经营、国际贸易和海外殖民冒险中。

英国是世界上第一个以和平方式建立的现代化国家，他们将国家的权力放在所有民众手中，而不是国王一个人的手中；他们在经济上实行契约经济，他们也同样鼓励发明创造和海外冒险……

现在的国际货币霸主是美元，其产生国自从建立之日起，就一直在宣扬人人平等，将其作为国家至高无上的准则，并且将这种思想深入国家的每一个政府机构和每一个人民心中。即便是现在，美国也是世界上最大程度鼓励自由和个人奋斗、自我实现的国家，也正是因为此，很多人都愿意移民到这个国家。

欧元在建立初期就遭到了美国一些精英人士的口诛笔伐。直到现在，除希腊等一些国家爆发了债务危机之外，欧元区的一些大国比如法国、德国的财务状况非常好，最起码比美国要好很多，但是美国的一些金融专家仍旧坚称欧元终究要解体甚至说应该解体。

1980年以来，美国的金融专家们开始迅速推进“全球化”、“市场化”和“私有化”，其实就是最大程度的美元全球化，对于他们来说最大的理想就是让世界上的所有人都得用美元。

近些年，美元的使用规模一直在扩大，完全不受拉美国家的现代化进程、苏联东欧剧变引起的经济改革、东南亚一些国家的迅速崛起、中国和日本的外汇储备升高的影响，始终保持着良好的发展势头。美元的供应量从1980年初的1500亿美元增加到2003年的6000亿美元，美国的商品价格几乎没有上涨，其中的原因是什么呢？

这其实是因为美元到其他国家去了。美国金融专家将这一套游戏玩得很是得心应手，并且将整个世界都拖到了美元体系中，而在这个过程中陷入最深的就要数中国和日本了。

2003年以来，美元持续增发，中国和日本的外汇储备都已经达到了极限，现在无论是资本主义国家，还是社会主义国家都在使用美元，美元俨然成为霸主。

由于美元持续增发，如果此时有人出来喊着要“人民币国际化”，美国自然会出来横加阻挠。人民币甚至有可能和当年的日元一样，先升值，随后贬值，并且很有可能贬值得非常夸张。

任何一个国家的货币国际化，不仅要有强大的经济实力，而且还要有更为强大的军事实力和技术实力作为支撑。荷兰盾的国际化、英镑的国际化、美元的国际化，首先是因为当时它们是世界上最为强大的国家，所以中国需要有更为强大的军事实力和技术实力来支撑“人民币国际化”地位。

比如德国马克和日元，在短暂地登上世界舞台之后，终因不是世界第一强国而很快败下阵来，没有成为超过美元的国际货币。

现在的欧盟，在经济的总体规模上已经超过了美国，但其毕竟只是一个联合体，并没有控制各个国家财务支出的能力，而且在军事方面依赖美国，技术创新上又比不过美国，欧元在世界货币的舞台上依然比不过美元。

从1980年至今，虽然美元对人民币的汇率经常在变动，时而升值、时而贬值，但是美国国内市场的物价一直保持稳定，这其实是在说明美元的真实币值的购买力始终是保持稳定的，在这些年里基本上没有贬值过。

现在美国的金融资本几乎垄断、主宰和控制着世界市场中的石油、粮食、重要原料资源等多个方面，同时也控制着高端科技、医药、军工品的资本市场。如果美国需要，可以抛售这些金融资产从而回笼美元，起到抑制美元贬值的作用，这更加稳定了美元的国际化地位。

由此，我们可以清楚地看到，一国经济实力和军事实力与本币地位的变化基本是一致的，即经济实力和军事实力是影响本币国际化地位的决定性因素，综合国力的变化决定了本币地位的变化方向。

人民币如何向“国际货币”转型

2008年12月，中国在与韩国签署货币互换协议的基础上，以广东、长江三角洲地区与港澳地区、广西、云南与东盟地区为试点，贸易开始实行人民币结算试点。2009年，又与中国香港、马来西亚、白俄罗斯，分别签署了双边货币互换协议。这一系列举动引发了人们对人民币的关注。虽然从金融学的角度来看，人民币结算和人民币国际化并非相同的概念，但是中国和白俄罗斯签署的货币互换其实已经意味着人民币国际化版图从亚洲扩张到了东欧。

所谓的人民币国际化，就是指人民币可以在国际上自由兑换、交易和流通，成为世界上各个国家普遍认可的用来结算和储备的货币。

根据国际经济发展规律，任何一个国家的经济实力有所增强之后，该国的货币就会走向国际化。货币国际化可以给该国带来一系列的好处，诸如节约外汇储备、增加铸币税收入、优化外债规模和结构、扩大贸易和投资……

而这些好处中最重要的好处是可以获得国际铸币税的收入。所谓的国际铸币税其实就是纸币发行面额与纸币发行成本之间的差额。如果人民币实现了国际化的“理想”，那么中国就可以通过发行人民币而从其他国家征收一些铸币税，很明显这种收益没有任何成本。

在改革开放的30多年里，中国经济迅速发展，取得了举世瞩目的成就，人民币的国际化之路也成为更多人的“共识”。但是到底应不应该国际化，这还要看其能不能给中国乃至世界经济带来好处。

美国著名经济学家鲁迪登布森曾经预测，几十年后，全球就只会有几种货币，比如在南美洲会流通美元，在亚洲很有可能是人民币占据主导地位，世界其他地区可能更多的是欧元。美国著名经济学家、“欧元之父”蒙代尔则预言，亚洲地区也会像欧洲一样推出一种类似“亚元”的货币，而人民币将会占据主要地位。

关于人民币国际化，我们可以从以下几个方面来加以考察：

一、人民币国际化的现实条件

人民币国际化需要有一些现实的条件，以中国现在的情况已经基本具备了这些现实条件。

1. 中国的经济实力和综合国力在不断增强。

尤其是近十年来，中国的国民生产总值一直在快速增长，外汇储备也在大幅度提高。2009年年初，外汇储备已经超过1.95万亿美元大关，是世界上外汇储备最多的国家。而且中国的政治局势比较稳定，政治影响力也在不断攀升，这些都为人民币走向国际化奠定了很好的政治和经济基础。

2. 人民币具有一定的国际信用。

一个国家的货币能不能成为世界货币，与这种货币的汇率是否稳定，以及有无良好的国际信用，是否具备充足的国际清偿能力有着很大的关系。1994年中国开始实行外汇管理体制改革，人民币正在逐步实行自由兑换，这些都为人民币国际化奠定了良好的基础。

3. 中国的金融体制改革为人民币国际化提供了体制方面的保障。

这些主要是因为中国的金融企业上市步伐在加快、国有商业银行体制改革不断深入、金融机构不良资产逐步剥离和核销，并且借鉴国外监管金融机构的市场经济做法，逐渐适应了国际金融市场。这些都在短时间内形成了一个符合现代企业制度要求的金融体系和体制。

4. 中国金融市场的国际化进程在加快。

中国不断推出一些措施，如，合格的境外机构可以携带外资进入中国市场、允许合格的境内机构投资者将中国资本投资海外、外资银行可以进入中国境内并且可以经营人民币业务等。在2008年金融海啸爆发之后，中国对金融市场的国际化策略有所调整。

5. 有更多的国家和地区开始接受人民币，人民币似乎开始了国际化之路。

中国的对外经济贸易在不断扩大，使得一些国家对人民币的储备需求开始增强。此举也扩大了人民币的交易范围，更多的国家和地区开始接受人民币，这些都可以为人民币的国际化之路起到推动作用。现在人民币在东南亚一些国家已经成为继美元、欧元和日元之后的又一硬通货，甚至有了“小美元”的称呼。

二、人民币国际化的路径安排

人民币的国际化之路是一个循序渐进的过程，我们现在可以看到两点：

1. 人民币首先要周边化

这其实是人民币国际化之路的第一步，也就是随着中国与周边国家、地区贸易的增多，借助市场导向和政府推动的力量，在周边的国家和地区中扩大人民币的流通规模，此举现在的发展势头还不错。

比如，尼泊尔中央银行就已经将人民币作为了储备货币；人民币在中国香港和越南都可以全境流通；老挝、缅甸、俄罗斯、蒙古的部分地区也开始用人民币代替其本国的货币作为流通工具。

2. 人民币进一步推动亚洲化

人民币在周边化的同时，可以积极推动亚洲化，当然这还需要一个漫长而又复杂的过程，但这个过程无法避免，必须要经历。只有人民币成为了亚洲各个国家的主导货币，才能够走向国际。

要实现人民币亚洲化，同样需要借助市场导向和政府推动的力量。要鼓励在出口贸易中使用人民币进行结算、鼓励自由贸易区的国家用人民币作为外汇储备货币。待时机成熟，就可以让人民币代替其他亚洲国家的货币，成为亚洲化的货币。

三、人民币国际储备规模

近些年，中国的国际贸易收支保持着高水平和低差额，外汇储备成了中国最主要的国际储备形式。

至2009年初，中国的外汇储备已经达到1.95万亿美元，但是黄金储备没有增加，一直是1929万盎司，基本稳定。因为人民币现在还不是可兑换货币，兑换方式受局限，对于资本项目又有着管制，国内建设资金需求量很大，所以就需要保持充足的外汇储备，从而维持国际支付能力，保证人民币稳定前进。

四、人民币国际化面对的主要问题

1. 国家的经济实力还不够强大，人民币在国际上的流通量还不是很充足一般情况下，某个国家的货币要想成为国际性的货币，其经济总量最少也应该占到全球经济的8%，但是到2008年末，中国的这个比例还是在6.85%。

人民币的国际流通量也不充足，这一点也是人民币走向国际的一道障碍，这主要是因为中国对外直接投资的规模还比较小，甚至说很小。

2. 增加了宏观调控和现金管理的难度

人民币一旦成为国际化的货币，那么其对中国国内的利率、汇率、物价水平的影响作用会大大增加，大规模的货币需求很有可能使中国货币政策的制定和执行陷于被动状态。而且走向国际化的人民币要承担稳定国际金融的任务，也就是说，当再次出现全球性金融风暴的时候，中国要充当最后贷款人的重要角色。

3. 人民币国际化还要投入大量的成本

其一，汇率风险成本增加。所有以人民币结算、储备、标价的资产所造成的损失有可能加大；其二，利率自由化成本增加，也就是说在资本项目开发条件下，国际资本流动的规模、速度会加大，交易成本也会提高；其三，信息的成本增加，也就是说之后必须为了维护人民币币值稳定以及增值付出信用成本；其四，政策偏离成本增加，也就是说需要考虑国内货币政策和国外货币政策的协同、最终目标的问题和相应的对应措施。

4. 人民币在国际化之路上还会遇到其他方面的压力

中国以社会主义市场经济屹立世界，近些年来其经济的飞速发展，已经引起了其他国家的警惕和忧虑，有些国家和地区甚至对人民币有了偏见和敌意，这些都会延缓人民币国际化的进程。

第十一章
货币之战
——世界金融体系的衍生物

目前，美元仍是强势主流货币。这对全球资本流动来说不是好消息，意味着资本不断从新兴市场回流美国。作为全球第二大经济体，2015年8月，央行大幅下调人民币汇率，泰铢、日元等也出现震荡。可见，货币之争在金融界仍是一个重要的话题。

汇率小变动，市场大风浪

汇率是一种非常重要的经济杠杆，会对国内外商品的相对比价起到影响作用，进而影响到国际收支平衡；并且对国民收入、物价水平等宏观经济有很大的影响。

现在各种货币的汇率都在变动，很多人都不知道这种变动是什么原因造成的，有些人甚至认为是政府强制变动的。其实这种变动，一般来说，国家政府是没有办法左右的。造成汇率变动的因素很多，其中的关系也非常复杂。

单就人民币汇率的演变我们可以知道，在人民币汇率中其实隐藏着两种比较反常的现象：第一，中国的通货膨胀率高于美国的通货膨胀率，但是人民币却对美元在升值；第二，人民币汇率上升的时候，我国还是存在着国际收支顺差。

1973年至1980年年末，西方国家出现了通货膨胀，美元对其他国家的货币开始贬值，当时人民币的汇率也相应出现了几次调整，一直上升到美元和人民币的汇率为1：1.5，显然这是高估了汇率，这也直接导致了我国的外汇储备出现严重短缺。

随着改革开放步伐的加快，我国的宏观经济趋于稳定，国际收支顺差和外汇储备尚处于增加状态中，而人民币的汇率问题也成为全球性的热点话题。

在1981年到1994年之间，人民币的汇率一直处于下调的状态中，到1994年年末才出现稳定，有了小幅回升，现在的兑换比例为1∶6.4621左右。

人民币汇率从2005年7月21日开始就不再只看重美元，开始实行以市场供求为基础、参考一篮子货币进行调节的汇率机制，即在当天夜间美元和人民币之间的汇率确定为1∶8.11。也就是说,人民币升值成为了现实，而这种较为灵活的汇率制度可以让人民币汇率对我国的经济发展产生更大的影响力，尤其是一些依赖出口的纺织业、服装业等。

2008年第一季度，人民币对美元的升值开始加快，对欧元和日元呈现贬值的状态，使得汇率变动对我国的经济发展有了很大的影响。

2007年9月美国爆发的次贷危机使得美元持续走软，而美元是人民币参照货币中的重要组成部分，所以美元的贬值会导致人民币对美元的升值速度加快。

那么，汇率的变动到底对我国的经济有哪些影响呢？

第一，汇率的变动可以影响到商品的进出口。

一般情况下，人民币的贬值可以推动外汇汇率走高，假如在此期间中国国内的物价保持稳定，外国人对中国商品和劳务的购买力就会增强，从而有助于我国的出口。而且也因为人民币的贬值，商品出口之后用外币表示的价格相对较低，这对出口商品的竞争力将会有所提升。反之，用人民币表示的进口商品的价格有所提高，会影响到这些商品在我国的销售，从而将会抑制到进口。

其实，人民币汇率的贬值对扩大出口、抑制进口有很大作用。但是需要注意的是，这个过程中有时滞现象，其效果需要经过一段时间之后才能看到。

这种货币政策的时滞现象在金融学中较为常见。所以在制定政策时，必须考虑到从制定政策到最终实现效果所需要的时间差。

第二，汇率变动还可能影响到国际资本的移动。

假如人民币的汇率上升，说明人民币的购买能力有所增强，对国内资本实行对外投资有很大的作用；在此期间，人民币的威望不断升高，对吸引外资也有一定的作用。比如，在20世纪八九十年代，日元的升值幅度很大，日本的一些企业，尤其是汽车、家用电器、办公机械、机床行业等行业都加快了向外扩张的步伐。

假如人民币的汇率出现贬值，情况就比较复杂了。首先，如果人们都认为这种贬值还没有“贬”到位，那么国内资本就会向国外转移，从而避开贬值所带来的损失；其次，如果人们认为贬值已经“贬”到位了，这会让原来那些已经流向国外的资本回流，同时还会吸引一部分的外资流入中国，人民币的外资购买能力会有所增强。

第三，汇率变动会影响到非贸易收支。

如果人民币出现贬值，对于外币持有者来说，中国的消费相对变得便宜，外国人会更愿意到中国来旅游；反之如果人民币升值，那么中国的旅游业就会受到挑战，因为外币持有者认为中国的商品、劳务、交通、旅游、住宿等费用相对有所升高而不愿来。

第四，汇率变动会影响到外汇储备。

中国的外汇储备主要是美元，假如美元的汇率下跌，中国的外汇储备就直接受损；相反，如果美元的汇率上升，中国的外汇储备就会增加。同样，人民币汇率的变动，也会通过资本流动和进出口贸易额的增加或减少而影响到人民币外汇储备。

也就是说，人民币的汇率保持稳定，有助于外国投资者稳定获得利息收入，也有助于外资流入中国，从而促进我国的外资储备增加；而人民币汇率的持续变化或者不稳定，将会使得资本外流，外汇储备也会相应减少。

第五，汇率变动对物价有很直接的影响。

人民币一旦出现贬值，进口商品、进口原材料、进口半成品的价格会出现增长，本国的工资也会出现一定程度的提高，从而使得国内商品的生产成本开始提高，物价自然就会上涨。往大了说，这还会带动贸易收支改善的乘数效应，引发需求拉动型物价上涨。

第六，汇率变动会影响到产业结构和资源配置。

人民币如果贬值，我国出口商品的价格就会更低，从而在国际市场中更具有竞争力，自然有助于出口；而出口量的提升，贸易部门的利润就会超过非贸易部门，这会使得国内资源向出口贸易、出口产品制造业方向转移，出口贸易、出口产品制造业将会在国民经济中占据更大的比重，从而会提高经济对外开放的程度。

此外，人民币贬值，会相对提高进口商品的价格，导致这部分的需求会转向国内的商品，对某些内销产品的生产行业产生积极作用。

第七，汇率变动还能影响到国际经济。

假如是主要工业国的汇率出现了贬值，那就会影响到其他工业国和发展中国家的贸易收支，甚至引发贸易摩擦和汇率大战，最终影响到国际金融市场，使其动荡不安，该国家乃至全球的经济景气指数也会受到影响。当然如果是一些在国际经济贸易中地位较小的国家发生汇率变动，这种影响就要小很多。

比如，20世纪80年代以前，美元汇率下跌趋势十分明显，日元以及联邦德国马克的汇率一直在上涨，使得资本主义世界的货币出现了很大的动荡。美国政府为了扩大本国商品的出口，一直让美元下跌，西欧的一些国家经济下跌，失业率大大提高，他们手中的美元也变得越来越不值钱了。

也就是在那个时候，欧洲共同体的9个国家准备建立“欧洲货币体系”，从而确定了成员国之间的汇率波动的界限。

我国的一些数据表明，改革开放以来人民币的每次波动都会影响到我国进出口贸易、外商直接投资、经济增长率。我们看一下具体的数据：人民币实际汇率每贬值1%，我国国内生产总值上升0.019%；人民币实际汇率每上升1%，经济增长速度下降0.12个百分点。两者的当前效应不是很明显，但是后期的影响非常大。

金融市场的“君子协定”

在和朋友聊天的时候，我们经常会开开玩笑，提到“君子协定”这个词语。所谓的“君子协定”其实就是双方并不签订书面协议，只是按照口头承诺或者交换文件的方式确定协议。这种协议虽然欠缺法律的保护，可以说是不合法的，但往往是以双方的信用和人格作为担保，一旦承诺了，就相当于书面条约的作用。

君子协定最初是一个金融学上的概念，有人称为“绅士协定”。主要用于国际事务之间，这是一种相对的购买方式，如果一方不履行义务，对方并不能对其进行有效的制裁。

商品的进出口贸易都需要得到金融支持，出口信贷在一定程度上可以提高本国产品在国际上的地位，并且增加国际竞争力，从而促进商品的出口。但是随着市场竞争加剧，很多国家尤其是一些发达国家开始给本国企业提供优惠的出口信贷条件，此举更加激发了国际贸易争端，也增添了各国出口信贷的补贴支出。

在这种情形下，各国政府逐渐明白过来，他们认识到如果一味追求出口信贷的优惠条件，最终大家都得不到好处，于是纷纷开始寻求合作和协调。

经过数年时间，世界各国就出口信贷问题达成了一些协定，其中有两条较为重要，明确指出了各国出口信贷需要遵循的基本原则和贷款条件。

第一条是1953年签订的《伯尔尼联盟协定》；第二条是1978年经济合作与发展组织（OECD）制定的《关于官方支持的出口信贷的指导原则协议》。第二条受到官方的支持，但是并没有法律效力，完全是各国自觉遵守的，所以又将其称为《君子协定》。

1934年，西方的一些信贷保险机构在瑞士首都伯尔尼组成了“国际信用和投资保险商国际联盟”，简称伯尔尼联盟。

伯尔尼联盟主要的工作就是研究出口信贷保险基数，后来开始制定信贷保险共同政策。2005年年末，伯尔尼联盟已经拥有37个成员，其中有29个是官方出口信贷机构或者政府部门，另外8个都是私人保险公司，其中包括1919年成立的英国出口信贷担保局、1934年成立的美国进出口银行、1946年成立的法国外贸保险公司、1977年成立的意大利出口信贷保险部等。

1953年制定的《伯尔尼联盟协定》约定：资本货物出口信贷的最长期限是5年时间，并且还要支付至少1/5的定金，到了1961年这条规定有所改变，只适用于出口卖方信贷。《伯尔尼联盟协定》在各个成员国之间发挥着积极的作用，积极联络和沟通信息，现在其在国际出口信贷业务中更多地处于技术地位，而并非管理地位。

20世纪60年代开始，经济合作与发展组织为了协调各成员国之间的出口信贷政策，开始处理出口信贷事务。该组织于1969年在处理出口信贷和出口信贷保险事务永久性工作小组的主持下，通过了对造船业给予融资条件的协议；1976年又通过了“一致意见”，待“一致意见”被大多数成员国接受之后，于1978年2月正式出台了《君子协定》。

《君子协定》虽然很正规，但是并不具有强制力。不过由于经济合作与发展组织的22个成员国几乎都是全球最发达的国家和地区，所以该协定在全球范围内还是具有一定的发言权。而且就算是一些没有参加《君子协定》的国家和地区，在办理出口信贷业务时也会参照该协定。

这里需要提出的是，《君子协定》中的出口信贷条件如支付条件、商业参考利率、偿还期限、宽限期限、贷款起始日、承诺期限等并非由市场和政府来决定，而是直接由《君子协定》来决定。各国所提供的出口信贷条件不能超出《君子协定》规定的范围。

《君子协定》虽然比不上法律条文，但是毕竟使各国的出口信贷政策有了统一的标准，增强了透明度，同时也约束了各国政府为了鼓励出口而竞相推出优惠政策的无序化状态，可以说对创造一个公平的国际贸易竞争环境有很大的帮助。

下面列出了《君子协定》的主要内容，方便读者了解：

（1）贷款最长期限一般不能超过10年。

（2）贷款最高比例一般不高于85%，换句话说，就是现汇或者预付款的比率不能低于15%。

（3）风险加息率。

（4）贷款最低利率。

其实国家与国家之间的合作，和人与人之间的合作是一样的，都要讲究信用，这里就需要介绍一个金融学上的国际信用这个名词。

国际信用，其实就是国与国之间发生的借贷行为。这种借贷行为既可以是通过赊销商品提供的国际商业信用，也可以是通过银行贷款提供的国际银行信用，还可以是政府之间相互的信用。

国际信用的主要类型主要有以下几种：

第一种，出口信贷。

出口信贷主要是指一个国家为了增强本国的出口能力，对本国的出口给予一些利息补贴以及提供信用担保。

出口信贷的主要目的是为了增加本国外贸出口，从而提高外贸出口的能力，重点是放在对外贸易的中长期计划中。

出口信贷主要有出口买方信贷和出口卖方信贷两方面，分别简称为买方信贷和卖方信贷。

买方信贷是指出口银行在本国财政部、中央银行的支持下，直接把贷款提供给买方（业主）用于向出口商支付货款，起到促进交易并且扩大出口的作用。

这里所说的买方，既可以是进口商，也可以是进口商的开户银行，这种信贷的金额一般较大，而且期限较长，但是一般不能超过10年。

卖方信贷就是指银行把贷款直接提供给卖方（出口商）的中长期融资便利，有点像分期付款，所以需要对利率风险、收汇风险和汇率风险有所考虑。

这种方式有自己独特的优点，申请信贷的出口商和提供信贷的银行属于一个国家，这样相互操作起来就方便了很多。在一个国家出口信贷发展的初始阶段，一般这种方式占据着主导地位。

第二种，外国政府贷款。

外国政府贷款是指其他国家政府利用国库资金向本国政府提供的优惠性贷款。

第三种，国际金融机构贷款。

国际金融机构贷款是国际金融机构对其他成员国政府提供的贷款。这里的国际金融机构主要有国际货币基金组织、世界银行及其附属机构、国际金融公司和国际开发协会，还有一些其他区域性的国际金融机构。

第四种，国际租赁。

国际租赁是指国与国之间以实物租赁方式来提供融资。

第五种，市场信贷。

市场信贷是由国外银行或者几家银行组成银团，从而帮助出口国家的企业或银行，在国际金融市场上通过发行中长期债券等方式筹措资金。

第六种，国际商业银行贷款。

国际商业银行贷款是一个国家的借款人通过国际金融市场，向其他外国银行借入的货币资金。

世界各国的汇率博弈游戏

当今已是经济全球化的时代，老百姓对外汇和汇率这些词语耳熟能详，很多人甚至和这些词语打交道，外汇汇率到底是根据什么确定的呢？

外汇其实是国际汇兑的简称，一般情况下，一个国家的货币只能在本国使用，出了国就无法使用了，这就需要将这些货币兑换成外国货币进行交易和流通。在国际经济交往中，任何国家和其他的国家都可能产生债权或者债务关系，此时也需要通过国际汇兑来处理。在这个过程中，两种货币进行兑换的价格或者比率就是汇率了。

《中华人民共和国外汇管理条例》明确规定，中国的外汇主要包括5种：（1）外国货币，包括纸币、铸币；（2）外币支付凭证，包括票据、银行存款凭证、邮政储蓄凭证等；（3）外币有价证券，包括政府债券、公司债券、股票等；（4）特别提款权、欧元；（5）其他外汇资产。其实凡是通过国外货币表示的、能够用于直接偿付对外债务、实现购买力国际转移的外币资金和资产都可以称为外汇。

根据可以兑换的程度不同，外汇分为自由外汇和记账外汇两种。

自由外汇也就是自由兑换货币，是不需要经过货币发行国批准就可以自由兑换成其他货币或者向其他国家进行支付的外国货币和记账凭证。在现阶段，全球有50多种自由外汇，但经常见到的也无非美元、英镑、欧元、日元、瑞士法郎等数十种。

记账外汇是指需要经过货币发行国批准才能自由兑换成其他货币或者向其他国家进行支付的外国货币和记账凭证。也就是说，这种外汇只能通过协定在特定的两个国家之间使用。

不论是哪一种外汇，在折算成其他国家货币的过程中都有一个折算价格，这个折算价格其实就是外汇汇率，简称汇率，也可以叫作外汇牌价或外汇行市。

两个国家之间会发生政治、经济、文化等方面的债权和债务，这些都需要通过货币来清算，但是两个国家的货币又不一定相同，所以就需要通过一个中间的折算价格来折算，折算的这个价格也就是汇率高低非常重要，是它决定着哪种货币更加值钱，哪种货币不值钱。

要想弄清楚汇率是如何确定的，首先要了解汇率的种类。各国的汇率制度表现形式和银行业务都有所不同，根据这些不同可以将汇率归纳为以下几类：

第一种，从银行和客户进行外汇交易的角度来看，汇率可以分为卖出汇率和买入汇率。

所谓的卖出汇率其实就是我们通常所说的外汇卖出价，也就是外汇被卖出时的价格；而买入汇率也就是经常说的外汇买入价，也就是银行买入外汇时的价格。不管是买入还是卖出，其实都是从银行的角度来说的，卖出价和买入价之间的差额就形成了银行买卖外汇的收益。

此外，还有一个中间汇率，即是买入汇率和卖出汇率的平均价格，这种中间汇率并不是外汇业务中的实际成交价，其主要功能是计算或者预测汇率。

不管是卖出外汇还是买入外汇，都有着不同的标价方法，主要有以下两种。

1. 直接标价法，也就是直接以外币为基准货币进行标价。

用一定数额的外币折合本币数量较少的汇率，就是报价方买入外汇的价格；用一定数额的外币折合本币数量较多的汇率，就是报价方卖出外汇的价格。

2. 间接标价法，也就是直接以本币为基准货币进行标价，这时候从外币来看就变成了间接标价。

用一定数额的本币折合外币数量较多的汇率，就是报价方买入外汇的价格；用一定数额的本币折合外币数量较少的汇率，就是报价方卖出外汇的价格。

比如，伦敦外汇市场上英国的一家银行对客户报出的英镑兑换马克的汇率为2.412046，这就是说对于这家银行来说，英镑是基准货币，马克则是外汇。这家银行买入1英镑，卖出的马克数字则是2.4120；卖出1英镑买入的马克则是2.4146。

第二种，从汇率是否接受货币当局管制角度来看，可以分为官方汇率和市场汇率。

所谓的官方汇率，其实就是国家中央银行和外汇管理局固定的汇率；而市场汇率则是外汇市场中通过供求关系确定下来的汇率。

第三种，从汇率制定的方式来看，主要分为基本汇率和套算汇率。

基本汇率就是本国货币和本国国际收支业务中使用最多、外汇储备比例最大的可自由兑换货币之间的汇率，一般情况下指美元，这是确定外汇汇率的基本依据。

套算汇率又可以称为交叉汇率，是在基本汇率的基础上，通过国际外汇市场上美元和其他主要货币之间的汇率来确定本国货币与其他货币汇率。

第四种，从外汇交易交割的期限来看，主要分为即期汇率和远期汇率。

即期汇率要求买卖双方在成交后的当天交割完毕；远期汇率可以在将来的某个时间内进行交割。远期汇率和期货交易相同，需要在即期汇率的基础上加减升贴水。

第五种，从外汇支付工具的付款时间来看，可以分为电汇汇率、信汇汇率和票汇汇率。

电汇汇率是一种较为常用的支付工具，是指银行通过电报的方式通知国外分支机构或者代理机构使用的汇率。电汇付款时间比较快，资金到账之后银行无法占用，所以这种汇率的卖出价格比较高。

信汇汇率是银行通过信件方式通知付款时的汇率。这种方式需要几天时间，银行在这段时间内可以暂时使用这部分资金，所以信汇汇率的卖出价格比较低。

票汇汇率是银行买卖外汇汇票时使用的汇率，分为即期汇票汇率和远期汇票汇率。即期汇票汇率比电汇汇率要低，远期汇票汇率就更低了。

其实通过上述汇率种类的介绍，我们就可以知道确定汇率高低的因素主要有以下几方面：

第一，利率水平。

这一点是决定汇率变动的短期因素，不同国家的利率在发生变化的时候，会导致一些资金产生国际流动，一般是从利率低的国家向高的国家流动。

第二，通货膨胀率高低。

这一点是决定汇率变动的基本因素，通货膨胀使货币在国内的购买力下降，也导致了对外贬值，从而使得外汇汇率上升。

第三，两种货币的价值高低。

这一点是决定汇率变动的最根本因素，在金本位的制度下，主要要看两国铸币中的含金量；而在纸币的制度下，主要看的是两国纸币本身代表的价值量。

第四，国际收支情况。

这一点是决定汇率变动的主导因素。如果出现国际收支顺差，就表明外汇供大于求，从而引起外汇汇率的下降；如果出现了国际收支逆差，就表明是供过于求，则会引起外汇汇率的上升。

第五，各国汇率政策和中央银行对外汇市场的干预程度

这一点是决定汇率变动的政策因素。通过调整本国货币政策、利率变动和直接干预外汇市场等，都会对汇率水平产生影响。

人民币的汇率从2005年7月21日开始就不再只看重美元，开始实行以市场供求为基础、参考一篮子货币进行调节的汇率机制。也就是在当天夜间，美元和人民币之间的汇率确定为1：8.11，以此作为第二天外汇市场中银行之间的外汇交易中间价，之后的每一天都会公布中间价，银行之间的外汇市场美元和人民币之间的汇率可以在中间价的一定幅度内上下浮动，一般这个幅度为3‰左右。

综上所述，汇率有很多种类，不同种类的汇率其表现形式也不同。而外汇的汇率变动也受到很多因素的影响，其中最基本的影响因素就是两国货币的含金量的高低。

货币交易：钱也是一种商品

英国伦敦、美国纽约和日本东京是世界上最主要的3个外汇交易地，这3个城市的外汇交易占全世界外汇交易的一半以上，能够达到60%。除了这三个城市之外，还有法国巴黎、德国法兰克福、瑞士苏黎世、意大利米兰，以及巴林和新加坡等国家。

现在最主要的外汇交易方式有以下几种：

第一种，即期外汇交易。

即期外汇交易又被称为现汇买卖，这种交易要求买卖双方在成交后的当天必须按照成交时的汇率进行交割，这种形式也是现在最常见的买卖形式，我们先来看一些基本概念。

1. 交割，也就是俗话说的钱货两清。其中日交割就是指成交的当天就进行交割；明日交割或者翌日交割是指营业日的第二天进行交割；即期交割或者即交割则是指营业日的第三天再进行交割。

2. 营业日，也就是外汇交易双方国家银行同时开门营业的日期，假如其中一个国家的银行因为当地的节假日而没有开门，那么交割日就需要顺延下去。

3. 报价，是指外汇交易中报出的买入价和卖出价。主要有两个特点：一般情况下会同时报出买入价和卖出价，而且买入价在前面，其差额其实就是银行外汇买卖的收益，一般在1‰~5‰之间；另外在实际交易中并不会报出全部价格，只是报出小数点后面的最后两位。因为在一般情况下，一天之内的外汇汇率变化不会超过最后两位数，所以并不需要全部报价，不过遇到汇率暴涨或者暴跌的情况就另当别论了。

4. 基本点，也就是汇率的基本单位，也可以叫作基点或者直接称点。一般情况下，基本点是货币单位的万分之一，也就是小数点后面的四位数。不过对于一些面额太大的货币来说，也可以指小数点之后的两位，比如日元就是这样。

第二种，远期外汇交易。

远期外汇交易也就是期汇交易，是在外汇买卖时先签订合同，规定好交易的币种、数额、适用汇率、日期、地点，然后在之后约定好的时间进行交割。这种约定时间一般按照月来计算，一般为3个月。

远期外汇交易的报价方式主要有两种：

1. 直接报价法，也就是直接把不同交割期限的远期汇率用卖出价和买入价来表示，这种方法在瑞士和日本等国家比较流行。比如，日本对美元3个月后的远期汇率就可以用这种方法来表示：US$／J￥=133.70/90。

2. 点数报价法，这种方法是指报出远期汇率偏离即期汇率的差价或点数（升水或贴水幅度大小），这种方法在英国、德国、法国和美国都比较流行。

这里需要明确两个概念，一个是升水、一个是贴水。所谓的升水其实就是货币的远期汇率高于即期汇率的差价；贴水就是指货币的远期汇率低于即期汇率的差价。而一旦远期汇率和即期汇率持平，之间没有价格差，那么就称为平价。

在讲到升水和贴水的时候，需要注明到底是哪一种货币的升水和贴水。因为在相关联的两种货币中，一种货币的远期升水必然是另一种货币的远期贴水，如果不说明的话，就会让听的人不明白。

银行报出这种远期差价的时候一般都用点数来表示，所以这种方法又称为点数报价法。也就是说，此时的一个点指的就是万分之一，也就是0.0001。

很多人都会疑惑，既然远期外汇交易如此复杂，为何不采用即期外汇交易呢？那样岂不是省事很多。其实这主要取决于远期外汇交易的特殊作用，因为其既可以避免汇率波动所带来的风险，同时又可以进行外汇投机。

从避免汇率变动的风险来看，汇率经常会发生变化，时间越长汇率波动带来的风险也就越大，进出口企业从签订合同到最后的交货、付款往往需要至少30天的时间，有时甚至会更长。所以借助远期外汇交易，按照成交时的汇率进行交割，可以避免汇率变动带来的风险。

比如，一家日本企业向美国出口商品，价值100万美元，双方约定3个月之后付款。根据核算，该业务出口的成本应该是12000万美元。为了避免汇率风险，主要是美元的下跌或者日元的升值造成的风险，双方约定按照签订合同时的汇率US$1=J￥130结算，将3个月的100万美元期汇卖出。这样，这家日本企业在3个月之后就可以收取13000万日元的贷款了。要不然，假如3个月之后美元汇率下跌到US$1=J￥126，这家日本企业就只能等到12600万日元的贷款了，就会减少400万日元的收入。假如美元的汇率持续下跌下去，那么他们的收入就会更少，损失就会更大。

如果要进行外汇投机，先买后卖（也叫“买空”、“多头”）或者先卖后买（也叫“卖空”、“空头”）都有助于在汇率变动，甚至可以在浮动的汇率制度下攫取一定的利益，如果抓准时机，甚至会有大额的利润。

比如，有一个德国商人认为英镑在最近的一段时间里会贬值，于是在英镑3个月期货汇率为￡1=DM3.3519的时候，在法兰克福外汇市场上卖出了10万英镑的3个月期汇，也就是说，他可以在3个月之后的交割日付出10万英镑的现汇，而收到的则是33.519万德国马克。如果他的预判是正确的，也就是说3个月后的外汇下跌到￡1=DM3.2162，那么他就可以用32.162万德国马克买入10万英镑的现汇履行期汇合同。在这一进一出之间，他就可以获得33.519~32.162=1.357万德国马克的利润。当然如果英镑在这段时间里上涨了，那么他就会遭受到相应的损失了。

第三种，套汇交易。

（1）直接套汇。这种交易是指在同一时间内利用两种外汇市场上的汇率差异进行外汇买卖，低买高卖，获取差价。比如，有人看到伦敦的外汇牌价是￡1=US$11.4702/11，而同一时间在纽约看到的则是￡1=US$1.4734／42，他就可以在伦敦外汇市场以￡1=US$1.4711的价格买入英镑，并将美元卖出；同时在纽约的外汇市场以￡1=US$1.4734的价格卖出英镑，买入美元。这样他在这低买高卖的过程中可以赚到1.4734~1.4711=0.0023美元的差价。如果买入的是100万英镑，那么他就可以赚取2300美元的套汇利润。如果这种差异一直存在，他就可以不断操作，不断重复，次数多了，自然收益也就多了起来。

（2）间接套汇。间接套汇其实就是在同一时间内利用多个外汇市场上的汇率差异低买高卖。这种套汇属于复杂的套汇，所以在此就不展开详讲了，其总思路无非就是在此时牵扯到了3个以上的外汇市场的汇率，所以将这些地方的汇率进行比较，观察有没有套汇的机会。一般是先将汇率换成相同的标价法，然后再用多个卖出价格或多个买入价格进行相乘，看看它们的乘积是否接近1，如果接近，那就说明货币的汇率关系较为均衡，没有套汇的机会。

世界银行的金融贷款：解决国家收支不平衡难题

总部设在美国首都华盛顿的世界银行集团是一个国际金融组织，不过它并不是唯一的国际金融组织，其他诸如国际货币基金组织、国际开发协会、国际金融公司、亚洲开发银行等都是国际金融组织。而国际开发协会、国际金融公司是世界银行集团的附属机构，我们经常提到的世界银行，一般指的是世界银行集团下的国际复兴开发银行。

国际开发协会的主要业务是为一些比较贫穷的发展中国家进行贷款，当然这里的“贫穷”有一定标准，一般是指人均国民生产总值不到925美元的国家，符合该条件就可以向国际开发协会申请贷款。

国际金融公司的主要业务是为世界银行会员国的一些私营企业进行贷款。额度一般在200万~400万美元之间，最高不能超过4000万美元，贷款期限一般为7~15年，贷款利率主要为7%~10%。这种贷款行为并不需要政府的担保。

国际货币基金组织只针对参加了该组织的会员国政府进行贷款，而且只能与会员国政府的财政部、中央银行、外汇平准基金组织以及其他类似的财政机构发生关系，贷款也只能用于对国际收支暂时不平衡的解决工作。

世界银行发行的贷款类型主要有以下几种：

第一种，项目贷款。

项目贷款就是特定投资贷款，主要用来帮助会员国的某个具体工程建设，这在世界银行的总贷款中占到了80%以上的比例。

项目贷款的范围较为广泛，不过必须用于基础设施、农村和农业发展、能源、人力资源等重点开发项目。贷款的数额也控制在建设总投资的20%~50%之间，其余的资金则需要借款国自己去想办法。贷款项目从开始到结束，都有一套严格的管理制度进行管理，主要分为项目选定、准备、评估、谈判、执行、总结评价等6个阶段。

第二种，部门贷款。

部门贷款主要有3个部分：

（1）部门投资及维护贷款，这种贷款主要用于改善部门政策和投资重点，贷款额的期限在3~7年之间。

（2）部门调整贷款，这种贷款主要用于支持某具体部门的全面政策和体制改革，贷款期限控制在2~4年之间。

（3）中间金融机构贷款，这种贷款主要用于会员国的中间金融机构如金融开发公司、农业信贷机构等，让其转贷给这个国家的分项目。世界银行对这种贷款的期限没有硬性规定，一般都是由金融机构自主决定。

第三种，技术援助贷款。

这种贷款主要有两种：

（1）非单独贷款，这种贷款主要依附于某个具体的项目，用于该项目的可行性研究、计划和管理等方面。

（2）单独贷款，这种贷款是完全为从事技术援助的项目提供资金。

第四种，结构调整贷款。

结构调整贷款主要是为了促进发展中国家的经济调整，但是世界银行对这种贷款有很多硬性的规定，如果想要得到这部分贷款，就需要满足这些条件。

比如，印度尼西亚曾经改革的步伐非常缓慢，世界银行就认为印度尼西亚无法借助这笔贷款进行体制改革，所以从2001年4月开始就取消了对该国解决贫困问题的3亿美元的贷款。其实在2000年12月，国际货币基金组织就停止了原本提供给印度尼西亚的4亿美元贷款。

第五种，应急性贷款。

当会员国发生了龙卷风、干旱、地震、水灾等突发事件并遭受巨大经济损失时，世界银行组织就会提供一种应急性贷款，从而帮助会员国。当然这是一笔贷款，所以其目的并不是完全的救济，只不过是在帮助会员国不因为这些突发的事件而影响到经济的运转。

第六种，联合贷款。

联合贷款是世界银行和借款国家以外的其他贷款机构，联合起来为世界银行的项目筹集资金或者提供贷款。联合贷款既可以是世界银行与其他贷款机构分别承担同一个项目的一部分，也可以是世界银行介绍或动员其他贷款机构对该项目提供资金。

世界银行贷款对会员国的经济发展有很大的作用。就我们国家来说，在20多年里，世界银行在中国的贷款项目主要有农业、林业、水利、扶贫、工业、能源、交通、教育、卫生、城市建设、环境保护等各重要领域，可以说中国是世界银行最重要的合作伙伴。

中国利用世界银行贷款的特点主要有以下几方面：

首先，起步较晚，但是发展速度较快。

1981年的时候，中国只有一项世界银行的贷款项目，贷款2亿美元。而发展到现在，中国已经有230多个世界银行的贷款项目，贷款总额更是达到了340亿美元之多，正在实施的就有110多个，位居借款国的第一位。

其次，贷款结果较为硬化。

世界银行贷款支持了中国建设教育、卫生、扶贫等几十项项目，为中国的国民经济发展作出了重要的贡献。但是中国的人均国民生产总值已经超过了其规定的最低限度，中国已经不再是“低收入国家”，世界银行已经不能再为中国提供贷款了。现在国际复兴开发银行硬贷款的利率比较高，显然这对中国在世界银行借款形成了一定程度的制约。

比如，世界银行规定，当一个国家的人均国民收入达到1676~3465美元时，硬贷款期限就要降低到17年，而不再是20年。也正是因为这个规定，2006年世界银行就要中国回答到底人均国民收入是多少美元。同年8月，中国官方已经确认中国的人均国民收入已经达到了1740美元，世界银行将中国贷款的年限调整到了17年。

第三，关于基础设施项目的贷款比重在上升。

中国利用世界银行的贷款用于各个行业和部门，但是对于基础设施的贷款利用比重在上升，农业以及社会发展方面的项目比重有所下降，而能源、交通和工业等项目正在成为贷款利用的主体。

最后，项目准备和管理的难度在不断提高。

中国在世界银行的贷款项目和贷款额度在不断增加，而项目管理难度和项目准备难度也随之增加。这主要是因为，项目内容和建设方案的设计越来越复杂，牵扯到的部门越来越多，部门利益的协调难度在提高；而且，世界银行的政策有所变化，加之经济改革的条件比较苛刻，这在一定程度上也增加了项目准备和管理的难度。

离岸金融市场也疯狂：离岸美元的争夺战

在国际金融市场中有一种普遍现象，那就是货币离岸经营，但是对很多普通读者来说，这个概念还比较陌生。货币离岸其实在国际贸易和世界货币大战中有着举足轻重的地位，在本节中，我们来看一下美国人是如何争夺美元离岸市场的。

离岸经营的货币称为离岸货币，而其金融市场称为离岸金融中心；与之相对应，没有离岸的传统货币叫作在岸货币，其金融市场称为在岸金融中心。

那么离岸货币到底是什么呢？其实所谓的离岸货币就是存放在国外并且进行交易、不受货币发行国金融法令管制的货币。当然这里指的只是银行中的存款，并不包括现金。

比如，在中国的某家银行中吸收的美元，就可以称之为离岸美元；在英国的某家银行吸收的美元，也可以称之为离岸美元；在新加坡的某家银行吸收的英镑，也可以称作离岸英镑等等。

上面提到的离岸金融市场是所在国银行向该国的非居民提供存款、贷款、发行债券、票据融资等金融服务形成的市场。很多人可能不明白“非居民”这个词语，它是指除居民以外的自然人、法人，由于离岸金融市场的服务对象是非居民，所以它可以不受所在国家金融法规的管辖和外汇管制约束。

世界上最早的离岸货币出现在欧洲，也被称为欧洲货币。在第二次世界大战时，美国为了推动本国的金融向海外扩张，逐渐开始在美国的境外，当时主要是在欧洲吸存、贷放美元，也就是欧洲美元。20世纪60年代，欧洲很多国家经济开始复兴，欧洲在欧洲美元的基础上拓展了欧洲英镑、欧洲法郎和欧洲马克等离岸金融市场，统称为欧洲货币市场。后来又逐渐拓展到拉丁美洲、中东和亚洲等地，形成了多个离岸金融中心。

离岸金融市场的发展与美国人的想法有一定的出入，虽然这为美国的跨国银行提供了一个重要的国际舞台，但客观上削弱了美国对银行国际业务的监督和管理，同时也削弱了美国金融市场的国际地位。当时欧洲美元和美国国内的美元转换非常方便，所有欧洲美元市场的动荡会直接影响到美国国内的金融市场。随着欧洲美元市场规模的扩大，国际金融市场的变化冲击着美国金融市场，美国人变得胆战心惊，他们迫切希望整顿和管理离岸银行和离岸美元市场。

美国该如何实现这一想法呢？1974年在10国集团中央银行倡议达成的巴塞尔协议上，美国和其他30个国家同意对其离岸银行履行最后贷款人的职责，他们决定在1980年，各国领土内的商业银行总行要将其在全球内的账户合并起来，然后计算资本的充足率，从而实现各国统一监管离岸和在岸业务，以稳定欧洲美元市场。

在上述基础上，美国政府开始集中精力，计划在自己的监管范围内进一步吸收离岸银行业务，从而更好地争夺巨大的市场。为此，美国政府推出了IBFs资产负债账户，从而创建了美国境内的“离岸”美元市场。

在20世纪六七十年代，美国金融界发现，在美国境外的离岸金融中心从事国际金融业务更有利可图。这是因为这些地方的税收抵、管制少，而且还有很多优惠条件，调动资金也比较方便。所以美国的一些跨国银行开始到伦敦、法兰克福、巴黎、中国香港、新加坡、巴拿马和巴哈马等离岸金融市场开设分支机构。

但是这样却使得美国的资金大量外流，此举直接动摇了纽约国际金融中心的地位，美国国内每年要减少将近40亿美元的税收。

为了解决这个问题，美国政府于1979年建议其他国家政府也通过各自的中央银行对欧洲美元存款实行法定准备金制度，并且把部分欧洲美元集中到各自的中央银行去，为的就是减少欧洲美元对美国美元的强烈冲击。

即便这样做了，美国还是不放心，又提出建立一个全球性国际金融机构，通过公开市场活动来干预欧洲美元市场等一系列建议。

但是美国的这些建议并没有得以实现，这是因为：第一，这些建议需要得到各国相互配合才可以实现，但是每个国家都只考虑各自的利益，对这些建议都不怎么同意，所以无法统一行动；第二，欧洲美元的市场已经很大了，想要有效管理实际上是非常难的一件事情；第三，欧洲美元业务的既得利益者也从中阻拦，不希望这种市场监管执行下去。

推诿了一段时间之后，美国联邦储备委员会于1981年12月3日批准建立IBFs资产负债账户，在美国本土从事“离岸”美元业务，希望通过这种手段吸引离岸美元回归本土，并且加强了对离岸美元的管理。

IBFs又可以起到什么作用呢？IBFs的主要用途就是处理非居民之间的存贷款业务。在美国境内的美国银行和外国银行都可以吸收外币和美元的存款，不受当时实行的法定准备金以及利率上限的约束，自然也不需要美国联邦存储公司的担保。它们吸收外币和美元的存款对象不仅包括美国在国外的银行和公司，还包括外国居民、外国银行和外国企业，吸收的存款还可以贷款给外国居民、外国企业和美国在国外的附属机构，不过每一笔存取款的金额必须在10万美元以上。

由此观之，IBFs的业务覆盖率非常广。对于美国政府来说，IBFs最大的特点是，存放在纽约IBFs账户上的美元实际上等同于境外美元，和美国国内美元是区分开来的。

美国为什么要这样做呢？其实就是为了在美国的境内开设“离岸”金融市场，这样美国的银行就无须通过境外离岸金融中心，在本国就可以享受到境外离岸金融中心的待遇了。从而可以降低美国银行开展国际业务的费用，同时欧洲的大量货币会回到美国，便于美国金融管理当局的管理。

这对中小型银行来说无疑是一种福音，因为它们以前并不方便或者没有能力在国外的离岸金融中心建立分支机构，现在在美国国内就可以参与到国际银行业务的竞争中，大大提高了美国银行在国际银行业中的竞争力，带动了美国银行的发展，同时美国政府也有了额外的财政收入。

IBFs资产负债账户上的总资产80%在纽约，所以纽约金融中心的地位得以确立，大大提高了美国金融市场的国际化进程，而这些对美国之前的那套货币体系没有任何影响。

IBFs资产负债账户建立不到一年时间，就有400多家美国银行以及在美国的外国银行建立了相同的部门，资产总额达到了1500多亿美元。到1995年这个数据上升到了4500亿美元。

但是美国在本土开设“离岸”金融市场并不是最理想化的，也存在一些问题。比如说，离岸金融市场的借款人背景比较复杂，加之其贷款的数额较大，这会为以后埋下祸根；离岸账户和在岸账户之间会有一些资金转移，黑社会洗钱业务在此之中屡见不鲜；随着银行结算电子化技术的发展和各国金融市场的开放，在一定程度上削弱了IBFs资产负债账户的作用。

人民币并不是完全可以兑换的货币，所以现在还无法行使世界货币的职能，人民币的海外离岸市场自然也无法形成，但是我国国内的一些金融机构是可以吸收外币存款、发放外币贷款的。

2006年4月下旬，经国家外汇管理局上海分局批准，东方希望集团就成功地在交通银行开设了一个离岸美元账户，此举是离岸金融业务在中资跨国企业中的首次实行。另外，上海证券交易所、深圳证券交易所也开始使用美元和港币进行交易。国内开始经营外汇业务的银行也可以为客户提供一些不涉及人民币的外汇兑换业务，也就是我们经常听到的“外汇宝”。

综上可见，我们可以说在中国境内已经开始建立其他货币的离岸市场了。

图书在版编目（CIP）数据

货币的真相／荣添编著．—北京：时事出版社，2016.7

ISBN 978-7-80232-992-8

Ⅰ．①货…　Ⅱ．①荣…　Ⅲ．①货币—通俗读物　Ⅳ．① F82-49

中国版本图书馆 CIP 数据核字（2016）第 059492 号

出 版 发 行：时事出版社
地　　　址：北京市海淀区万寿寺甲 2 号
邮　　　编：100081
发 行 热 线：（010）88547590　88547591
读者服务部：（010）88547595
传　　　真：（010）88547592
电 子 邮 箱：shishichubanshe@sina.com
网　　　址：www.shishishe.com
印　　　刷：北京建泰印刷有限公司

开本：787×1092　1/16　印张：21　字数：240 千字
2016 年 7 月第 1 版　2016 年 7 月第 1 次印刷
定价：36.00 元
（如有印装质量问题，请与本社发行部联系调换）